Pommerin u.a. · Kreatives Schreiben

Gabriele Pommerin/Claudia Kupfer-Schreiner
Stephanie Lamprecht/Ulla Meyer/Iris Schloß
Ibrahim Akman/Johann Mayr/Hans-Martin Quitz

Kreatives Schreiben

Handbuch für den deutschen und interkulturellen
Sprachunterricht in den Klassen 1–10

Beltz Verlag · Weinheim und Basel

Über die Autorinnen und Autoren:

Gabriele Pommerin, Jg. 1948, Dr., Professorin an der Universität Erlangen-Nürnberg. Fach Didaktik des Deutschen als Fremdsprache.

Claudia Kupfer-Schreiner, Jg. 1953, Dr., Planerin bei der Stadt Nürnberg im Schul- und Kulturreferat, Lehrbeauftragte an der Universität Erlangen-Nürnberg.

Stefanie Lamprecht, Jg. 1960, Lehrerin an einer Grundschule in Nürnberg.

Anna-Ulrike Meyer, Jg. 1956, Lehrerin an einer Hauptschule in Nürnberg.

Iris Schloß, Jg. 1950, Schulleiterin einer Grundschule.

Ibrahim Akman, Jg. 1950, Lehrer an einer Grundschule.

Johann Mayr, Jg. 1936, Lic. Educ./Univ. Costa Rica, Rektor an einer Volksschule in Augsburg.

Hans-Martin Quitz, Jg. 1939, Rektor a.D., bis Mai 1994 Leiter einer Grundschule in Nürnberg.

Für die moralische und finanzielle Unterstützung des Projekts sei folgenden Institutionen gedankt:

Hans-Böckler-Stiftung,
Bayerischer Lehrer- und Lehrerinnenverband,
Gewerkschaft Erziehung und Wissenschaft,
Schul- und Kulturreferat der Stadt Nürnberg,
Ausländerbeirat der Stadt Nürnberg.

Lektorat: Peter E. Kalb

© 1996 Beltz Verlag · Weinheim und Basel
Herstellung: Erich Rathgeber, Weinheim
Satz: Satz- und Reprotechnik GmbH, Hemsbach
Druck und buchbinderische Verarbeitung: Druckhaus Beltz, Hemsbach
Umschlaggestaltung: Atelier Warminski, Büdingen
Printed in Germany

ISBN 3-407-62323-2

Inhaltsverzeichnis

A Plädoyer für eine kreative Sprachförderung im Rahmen der Interkulturellen Erziehung

Eine Einleitung

Interkulturelle Erziehung geht von der grundsätzlichen Möglichkeit gegenseitigen Lernens aus

Alle sprechen von der Notwendigkeit Interkultureller Erziehung – weltweit. Wir auch. Da dieser Begriff inzwischen aber ein inflatorisches Ausmaß angenommen hat, fühlen wir uns verpflichtet, unser Verständnis von Interkultureller Erziehung bzw. Interkulturellem Lernen darzulegen.

Darunter werden sowohl die jährlich stattfindende Projektwoche mit Kebab, Tsatsiki und italienischer Folklore im Rahmen eines sonst unveränderten Schulalltags wie auch die Erweiterung zusätzlicher Förderangebote für ausländische Schülerinnen und Schüler verstanden, daneben auch das ernsthafte Bemühen, Interkulturelle Erziehung zum festen Unterrichtsprinzip werden zu lassen, indem interkulturelle Lerninhalte in alle Fächer integriert werden.

Wir sehen in der Interkulturellen Erziehung eine sinnvolle bildungspolitische Alternative zu den bisher praktizierten und gescheiterten Modellen einer Assimilierung oder Separierung von Kindern nichtdeutscher Herkunft. Im Gegensatz zu den alten ausländerpädagogischen Konzepten richtet sich die Interkulturelle Erziehung sowohl an die Adresse der hier lebenden ausländischen Kinder und ihrer Familien als auch an die deutsche Bevölkerung. Alle betroffenen Gruppen befinden sich dabei in einem Lernprozeß über mehrere Generationen hinweg, der sowohl von Konflikten begleitet ist als auch eine Bereicherung darstellt.

Ein wichtiges Ziel der Interkulturellen Erziehung ist, die gegenseitigen Lernchancen besser als bisher zu nutzen. Dies betrifft vor allem die Vielfalt der hier vertretenen Sprachen, die Vielfalt der Religionen und die Heterogenität von Lebenserfahrungen und kulturellem Wissen von Menschen, die in unserer Gesellschaft leben (vgl. dazu Lähnemann 1993; Micksch 1992; Pommerin 1994).

Sehen wir die Interkulturelle Erziehung als eine Antwort der Bildungsplanung für zukünftige Generationen auf die Anforderungen einer multikulturellen Gesellschaft mit all ihren Chancen und Konflikten, so haben wir auch eine Möglichkeit zu einer realistischen Erziehung und Bildung gewonnen, die nicht verschleiert, sondern sich den widersprüchlichen Aufgaben unserer Zeit stellt.

Schule hat als einer der wichtigsten Lebensräume, in dem Erziehung und Bildung geplant und systematisch stattfinden, einen zentralen Stellenwert; hier treffen Kinder und Jugendliche wie auch Erwachsene aus verschiedenen Kulturen über mehrere Jahre an vielen Stunden jeden Tag zusammen.

Dieser multikulturelle Rahmen bildet zunächst das äußere Bedingungsgefüge, damit Interkulturelle Erziehung überhaupt stattfinden kann.

Dies genügt aber nicht, wie wir aus eigenen leidvollen Erfahrungen wissen. Damit es nicht beim bloßen Zusammensein bleibt, sondern das sprachliche und kulturelle Potential so vieler Menschen auch sinnvoll genutzt werden kann, müssen diese Sprachen, Kulturen und auch die Religionen zu ihrem Recht kommen (vgl. dazu Barkowski 1992).

Dies nach über 30 Jahren Erfahrung multikulturellen Zusammenlebens überhaupt noch zu fordern kommt einer Trivialität gleich. Doch mit Blick auf die alltägliche Praxis in Schule und andere Lebensbereiche scheint es keineswegs überholt zu sein, das Recht des Kindes auf eine kontinuierliche Förderung seiner Muttersprache immer wieder deutlich einzufordern. Dabei können wir auf kodifiziertes Recht, wie etwa das Grundgesetz oder die Schlußakte von Helsinki von 1975, verweisen.

Interkulturelle Erziehung ist auch Erziehung zur Mehrsprachigkeit

Sieht man sich einmal die Weltlandkarte an, so wird man feststellen, daß es kein Land gibt, dessen Bevölkerung rein monolingual ist. So sind in Indien, neben der offiziell anerkannten Amtssprache Englisch, mehr als 60 Sprachen vertreten; der durchschnittlich ausgebildete Inder verfügt über ein Repertoire von drei Sprachen, deren er sich nach Interesse und Situation bedient.

Auch wir möchten mit unserer Dokumentation einen Beitrag dazu leisten, wie Interkulturelles Lernen im Sinne einer Erziehung zur Mehrsprachigkeit in unseren Schulen konkret umgesetzt werden kann. Mit der Forderung nach Mehrsprachigkeit allein ist es aber nicht getan. Erziehung zur Mehrsprachigkeit ist nicht identisch mit der Summierung fremdsprachlicher Kompetenzen, die aus Gründen einer rein beruflichen (Weiter-)Qualifizierung in einem vereinten Europa sicherlich ihre Berechtigung fände. Diese utilitaristische Funktion von Mehrsprachigkeit im Sinne von »Sprachen = mehr Wissen = mehr Macht« kommt eher in dem Slogan »Lerne die Sprache des Kunden!« zum Ausdruck als in Zielen einer allgemeinen Bildung für alle Kinder (vgl. dazu Gompf 1990; Pommerin 1994).

Interkulturelle Erziehung ist antirassistische Erziehung

Ebenfalls ist vor einem Verständnis von Mehrsprachigkeit zu warnen, das ausschließlich idealistische oder philologische Bildungsziele verfolgt, verknüpft etwa mit der Hoffnung, daß die Beherrschung mehrerer Sprachen zwangsläufig zu einer besseren Kenntnis der jeweiligen Kulturen und damit zu einem tieferen Verständnis und zur größeren Akzeptanz des Fremden führt. Die Geschichte lehrt das Gegenteil. Die rein formale Kenntnis von Sprachen und Kulturen ist immer auch als Instrument der Machtausübung mißbraucht worden.

Zu der Fähigkeit, mehrere Sprachen zu beherrschen, muß im Sinne einer Interkulturellen Erziehung also noch eine ethische Dimension hinzukommen, die dafür sorgt, daß Mehrsprachigkeit auch verantwortungsbewußt gehandhabt wird. Erst dann wird eine mehrsprachige, interkulturelle Erziehung auch eine antirassistische Erziehung, die gegenseitige Achtung und Toleranz fördert (vgl. dazu Essinger/Uçar 1993).

Erfahrene Pädagoginnen und Pädagogen in Kindergärten und Schulen weisen darauf hin, wie notwendig es angesichts des wachsenden Rassismus und der zunehmenden Ausländerfeindlichkeit (geworden) ist, diese soziale Dimension neben kognitiven Lernzielen von klein auf und Tag für Tag zu *leben*.

Interkulturelle Erziehung verfolgt aber nicht nur diese globalen Ziele, sondern erfordert Anstrengungen in verschiedenen Fächern und Disziplinen, wobei dem Sprachunterricht eine besondere Chance und Verantwortung zukommt. Hier ist Sprache nicht nur Medium, also Transportmittel für andere Inhalte, sondern auch Gegenstand der Betrachtung und gemeinsamen Reflexion.

Wenn der sprachlichen Verständigung und dem frühen (Fremd-)Sprachenlernen in der Schule zu Recht ein hoher Stellenwert eingeräumt wird, dann hat dies auch bildungspolitische, didaktische und unterrichtsorganisatorische Konsequenzen, auf die wir in den folgenden Kapiteln eingehen werden, etwa unter dem Gesichtspunkt

- einer angemessenen Alphabetisierung,
- einer notwendigen Verankerung kreativer Aspekte des Sprachenlernens in den Curricula,
- der Erweiterung und Liberalisierung des Fremdsprachenkanons auch für deutsche Schüler und Schülerinnen,
- der Integration kreativer Verfahren des Schreibens in das gesamte Spektrum des Sprachunterrichts,
- der notwendigen Koordination kreativer und systematischer Phasen des Sprachenlernens,
- der veränderten Einschätzung von Fehlern bzw. sprachlichen Abweichungen und
- der damit zusammenhängenden Bewertung bzw. redaktionellen Betreuung und Überarbeitung authentischer Schülertexte.

Schreibenkönnen ist Teil einer umfassenden Sprachkompetenz

Wenn wir das Ziel verfolgen, die Angehörigen der zweiten, dritten und nachfolgenden Generationen von Arbeitsmigranten und Flüchtlingsfamilien zu befähigen, sich in unserer Gesellschaft zurechtzufinden und auch noch Lebensperspektiven zu entwickeln, dann müssen wir Hilfen für eine *umfassende Sprachkompetenz* bereitstellen. Das bedeutet u.a.: Eine einseitige Bevorzugung mündlicher Sprachkompetenz ist – bis auf das Anfangsstudium des Fremd- oder Zweitsprachenunterrichts – nicht zu verantworten.

Ausländische Kinder und Jugendliche müssen also sowohl in ihrer Muttersprache wie in ihrer Zweitsprache Deutsch auch schreiben können, und zwar so sicher und virtuos wie möglich. Nur der Vollständigkeit halber sei erwähnt, daß diese Ziele selbstverständlich auch für deutsche Schüler und Schülerinnen gelten, in besonderer Weise aber für die sogenannten bildungsfernen Schichten.

»Ich kann das nicht schreiben!«
»Ich krieg' das nicht zu Papier!«
»Sagen könnt' ich es schon, aber schreiben ...? Nein!«

Äußerungen dieser Art – nicht nur aus dem Mund von Schulanfängern – dürfen wir nicht als Entschuldigung für versäumte oder nicht geforderte Schreibleistungen gelten lassen.

Aus Verantwortung für diese Kinder und Jugendlichen nehmen wir solche Klagen als Zeichen von Unsicherheit und Unlust, als Schreibhemmungen oder -störungen wahr, die vorübergehend auftreten, aber potentiell überwunden werden können.

Plötzlich riß der »gordische Knoten«

In der Geschichte der Schreibdidaktik finden wir zahlreiche Fälle, in denen Kinder, selbst nach jahrelanger Schreibhemmung, plötzlich einen kleinen Text allein, wenn auch nicht fehlerfrei, zustande gebracht haben. Viele dieser Beispiele lassen sich darauf zurückführen, daß sich diese Kinder auf einmal in eine Schreibsituation versetzt sahen, in der folgende positive Bedingungen vorhanden waren:

– Sie waren gefordert, etwas zu Papier zu bringen, zu dem sie eine wirkliche Beziehung hatten;
– das, was sie dachten, fühlten und erlebten, schien es wert zu sein, aufgeschrieben, also festgehalten zu werden;
– sie hatten keine Angst, Fehler zu machen und sich vor den anderen Kindern und ihren Lehrern oder Lehrerinnen zu blamieren.

Auf solche Erfahrungen aus jüngster Zeit, aber auch aus der für uns so innovativen Phase der Reformpädagogik haben wir bei unseren »tastenden Schreibversuchen« immer wieder zurückgegriffen und diese dann auch im Konzeptkapitel sowie in der Vorstellung unserer Schreibprojekte ausführlich dokumentiert. So kamen Fälle vor, in denen Kinder selbst nach jahrelanger Schreibhemmung ganz unvermittelt aus eigenem Antrieb einen kleinen Text produziert haben. Sie haben diese Texte dann auch in der Klasse stolz vorgetragen oder ihrer Lehrerin gezeigt. Häufig schloß sich auch eine intensive Diskussion über diese Texte zwischen den Schülern und Schülerinnen an. Nachfragen zu einzelnen Textstellen wurden nur sehr selten als unerwünschte Kritik aufgefaßt, sondern von den Autorinnen und Autoren als das gewertet, was sie wirklich waren – nämlich als Zeichen von Interesse und Neugier.

Befragt, warum sie zum Erstaunen aller plötzlich zum Stift gegriffen hätten, gaben sie einmütig zur Antwort (die wir hier in der Diktion der Kinder wiedergeben), daß

– sie in dieser speziellen Situation das *Schreiben nicht als Schreibenmüssen* empfunden hatten,
– ihr Text *nichts mit einem »normalen Schulaufsatz«* gemeinsam hat,
– das, worüber sie geschrieben haben, wichtig war – für sie selbst und für die Mitschüler,
– sie keine Angst hatten, Fehler zu machen,
– ihre Texte so ausgefallen seien, daß sie auch wirklich *ihre eigenen Gedanken* und *Gefühle widerspiegeln*,
– ihre *Schreibversuche* auch *anderen gefielen*
– und sie das Schreiben insgesamt eher als »Spiel« oder »Entwurf« aufgefaßt hatten und nicht als ein »Ernstfall«, der bewertet wird.

In diesen sehr kindlich anmutenden Äußerungen über eigene Schreiberfahrungen in der Muttersprache wie in einer fremden Sprache, die von ganz jungen wie älteren Schülerinnen und Schülern aus dem In- und Ausland stammen, sind wesentliche Elemente einer kommunikativen Schreibdidaktik enthalten.

Zur Entwicklung unseres schreibdidaktischen Konzepts des Kreativen Schreibens im interkulturellen Sprachunterricht haben wir diese Elemente bewußt aufgegriffen, verschiedene Theorieansätze und schreibdidaktische Konzepte miteinander verglichen und über den Zeitraum von beinahe sechs Jahren in der Unterrichtspraxis erprobt: in verschiedenen Klassen unseres Schulversuchs und darüber hinaus in Grund- und Hauptschulklassen mit einem ebenso hohen Anteil an ausländischen Kindern und Jugendlichen, mit denen wir, die Lehrerinnen und Lehrer sowie die wissenschaftliche Begleitung, in den vergangenen Jahren in engem Kontakt standen.

Priorität haben bei unserer Dokumentation vor allem solche Techniken und Verfahren des Kreativen Schreibens, die sich für Klassen mit einer multikulturellen Zusammensetzung eignen: Dies sind nach unserer Erfahrung vor allem assoziative Verfahren, verbunden mit visuellen oder literarischen Schreibvorlagen oder einem einzigen Schlüsselbegriff.

Diese Verfahren stellen wir zum einen in einer systematischen Übersicht vor, zum anderen in ihrer methodischen Anwendung mit entsprechenden Zwischenschritten und konkreten Textbeispielen.

Wichtig ist uns allerdings, daß die einzelnen Verfahren des *Kreativen Schreibens*, die sich nach unserer Erfahrung sehr motivierend auf die Schreibproduktion von Kindern und Jugendlichen auswirken, nicht als methodische Accessoires aufgefaßt werden, die man je nach Laune einsetzen oder auch weglassen kann, sondern daß *Kreatives Schreiben* mit allen anderen Fähigkeiten, die wir im interkulturellen Sprachunterricht fördern wollen, wechselseitig miteinander verbunden ist.

Kreatives Schreiben hat – wie wir in Kapitel D zeigen – seinen festen Platz innerhalb des gesamten Aufgabenfeldes im Sprachunterricht und ist integraler Bestandteil umfassender (Schreib-)Projekte mit unterschiedlicher thematischer Ausrichtung; diese können je nach Zielsetzungen, Sprachlernvoraussetzungen der Schüler und Schülerinnen und Kooperationsmöglichkeiten in einem Kollegium *fachimmanent* oder *fächerübergreifend* bearbeitet werden.

Über diese Vorstellung einzelner Schreibsituationen hinaus war es uns wichtig, die theoretische Diskussion über verschiedene »Knackpunkte« des *Kreativen Schreibens* aufzunehmen und unsere Erfahrungen in Auseinandersetzungen mit denen anderer Gruppen in einen größeren Zusammenhang zu stellen; so haben wir uns besonders mit den Beziehungen befaßt zwischen:

- Kreativem Schreiben und grammatischer Reflexion,
- Kreativem Schreiben und bilingualen Übungsphasen und
- Kreativem Schreiben und Einbeziehen von Kinder- und Jugendliteratur.

Schreiben in einer fremden Sprache – eine Gratwanderung zwischen Normativität und Kreativität

Mit dem Schreiben von Texten nach kreativen Verfahren allein ist es nicht getan.

Die Frage, wie man als Lehrkraft am sinnvollsten mit authentischen Texten seiner Schülerinnen und Schüler verfährt, stellt sich spätestens dann, wenn einerseits höchst ausdrucksstarke, originelle und recht eigenwillige Texte zustande gekommen sind, diese andererseits aber nicht den geltenden Normen der Orthographie und Grammatik entsprechen.

Das ausgewogene Verhältnis zwischen dem *Kreativen Schreiben* und einer *notwendigen Fehlerkorrektur* gleicht somit einer *Gratwanderung zwischen Kreativität und Normativität*.

Dieser Frage haben wir das Schlußkapitel F gewidmet. In diesem letzten Teil unserer Dokumentation stellten wir am Beispiel einiger ausgewählter authentischer Schülertexte (mit den entsprechenden Fehlern) ein Analyseverfahren vor, das sowohl die kreativen sprachlichen Leistungen und Abweichungen von Fremd- und Zweitsprachlernern würdigt, gleichzeitig aber Fehlerdiagnose betreibt und – von den jeweiligen »Befunden« ausgehend – individuelle Sprachfördermaßnahmen entwickelt, die sich auch auf andere (Fremd- und Zweit-)Sprachlerner übertragen lassen.

Lesen- und Schreibenlernen in multinationalen Regelklassen

Nach ausführlicher Diskussion in unserem Team haben wir uns entschlossen, das Kapitel über die *Alphabetisierung* an den Anfang unserer Dokumentation zu stellen.

Wir sehen diese Plazierung durch die Entwicklung der menschlichen Sprachfähigkeit begründet, die grundsätzlich in jeder Kultur von der mündlichen Kommunikation hin zum Erlernen von Schriftsprache verläuft. Die ungeheuren Abstraktionsleistungen, die Kinder zu erbringen haben, wenn sie lesen und schreiben lernen, werden im ersten Teil dieses Kapitels kurz beschrieben. Unser zentrales Anliegen war es aber, einen Weg zu finden, Kinder mit sehr unterschiedlichen Ausgangssprachen und Sprachlernvoraussetzungen in Muttersprache und Zweitsprache im Rahmen multinationaler Regelklassen so zu unterrichten, daß sie möglichst bald in zwei Sprachen lesen und schreiben können.

Einen solchen Weg sehen wir in einer *flexibel nachgeschobenen Alphabetisierung*, die wir – wiederum in Auseinandersetzung mit anderen Konzepten zum Schriftspracherwerb – darstellen und begründen sowie an zahlreichen Beispielen aus unserer eigenen Praxis mit der Alphabetisierung belegen.

Teamteaching auch in unserer Arbeitsgruppe

Grundsätzlich sind wir bei unserer Dokumentation so verfahren, daß wir grundlegende Ziele, Aufgaben und Probleme im Rahmen unserer vier Großkapitel im Team gemeinsam formuliert haben. Dies waren:

1. Alphabetisierung
2. Konzept einer kreativen interkulturellen Schreibförderung
3. Darstellung von Schreibprojekten
   und
4. Umgang mit authentischen Schülertexten.

Wir haben grundsätzlich verschiedene Theorieansätze, Konzepte oder auch individuelle Erfahrungen anderer in unsere Diskussion einbezogen. Vor allem aber haben wir solche Lösungen immer wieder selbst ausprobiert, die uns geeignet schienen, alle Kinder und Jugendliche so zu fördern, daß der interkulturelle Sprachunterricht nicht auf Kosten einer Lerngruppe organisiert wurde, sondern die *Hypothese der gegenseitigen Lernchance* – zumindest ansatzweise – verifiziert werden konnte.

Die verschiedenen Mitglieder unserer Arbeitsgruppe brachten unterschiedliche Erfahrungen und Kenntnisse mit:

Iris Schloß, Stephanie Lamprecht und Ibrahim Akman waren vor allem kompetent in Fragen einer *(zweisprachigen) Alphabetisierung.* Ulla Meyer hatte sich in den vergangenen Jahren sowohl theoretisch als auch praktisch mit *Projekt-* bzw. dem *projektorientierten Sprachunterricht* beschäftigt. Hans Martin Quitz setzte sich mit den verschiedenen Definitionen von *Kreativität* auseinander.

Johann Mayr lieferte vor allem das sprachtheoretische Rüstzeug zur Problematik der *gesprochenen und geschriebenen Sprache.* Claudia Kupfer-Schreiner, die zu dieser Zeit selbst an einer Dissertation über *kommunikationsorientierte Analyseverfahren zur Einschätzung authentischer Schülertexte* arbeitete, war im wesentlichen verantwortlich für unser Schlußkapitel. Gabriele Pommerin schließlich, Leiterin dieser Arbeitsgruppe und zugleich wissenschaftliche Begleitung des gesamten Schulversuchs, verband ihre Forschungsergebnisse zum *Kreativen Schreiben* mit praktischen Schreiberfahrungen im Rahmen der *Interkulturellen Erziehung.*

Die Beiträge jedes einzelnen Mitglieds unserer Arbeitsgruppe wurden im Team eingehend diskutiert, überprüft, redigiert und ergänzt, so daß das Gesamtkonzept von allen mitgetragen werden kann. Dennoch haben wir uns bemüht, die »individuelle Handschrift« der einzelnen Autorinnen und Autoren nicht zu verwischen.

In dieser Gruppe haben wir also über das Schreiben selbst

geschrieben,
diskutiert,
kritisiert,
redigiert,
verworfen,
neu entworfen

und schließlich akzeptiert. In diesem Prozeß haben wir uns mehr und mehr in die Rolle des schreibenden Schülers mit all seinen Problemen und Ängsten einfühlen können. Und wenn wir nun sagen: »Schreiben macht Spaß! – Trotzdem«, so können wir das mit der Überzeugung derer sagen, die es selbst ausprobiert haben.

B Grundsätzliche Überlegungen zur Schriftsprache

Wir schreiben... um unser Bewußtsein vom Leben zu vertiefen... Wir schreiben, um das Leben zweimal zu kosten: im Augenblick und in der Rückschau... Wir schreiben, um unser Leben zu transzendieren, um darüber hinauszugreifen... um uns selbst zu lehren, mit anderen zu sprechen, um die Reise ins Labyrinth aufzuzeichnen... um unsere Welt zu erweitern, wenn wir uns stranguliert fühlen, eingeengt und einsam...

Wenn ich nicht schreibe, fühle ich, wie meine Welt schrumpft, ich fühle mich in einem Gefängnis. Ich empfinde, wie ich mein Feuer und meine Farben verliere.

Anaïs Nin
Die Tagebücher 1947-1955

2. Warum noch schreiben?

Angesichts der enormen Schwierigkeiten, die Kinder grundsätzlich beim Schreiben haben, und die sich noch verstärken, wenn sie in einer Sprache schreiben, die nicht die eigene Muttersprache ist, müssen wir uns die Frage stellen, welche Bedeutung dem Schreiben in der heutigen Zeit überhaupt noch für unsere Heranwachsenden – gleich welcher Herkunft – zukommt und welchen Aufwand wir im Sprachunterricht treiben wollen oder müssen, um Kindern das Schreiben zu vermitteln.

Sehen wir uns die Unterrichtspraxis an, so gelangen wir zu erschütternden Ergebnissen:

Da haben wir ausländische wie deutsche Kinder in unseren Klassen, die am Ende ihrer Grundschulzeit noch keinen Text zustande gebracht haben, den ihre Lehrerinnen und Lehrer als sinnvolle Kompositionen von Wörtern und Sätzen akzeptieren könnten, die nach den geltenden Regeln allgemeiner Verständlichkeit und formaler Richtigkeit – zumindest ansatzweise – verfaßt wären. Und selbst in der Hauptschule wächst die Zahl derer, die sich, wann immer es geht, um jeden Text herummogeln und am Ende zu der Gruppe gehören, die man als erfindungsreiche Schreibverweigerer bezeichnen könnte (vgl. dazu Lambrou 1987).

Selbstverständlich gibt es in jeder Schulform auch Kinder und Jugendliche, die bei jeder Gelegenheit begeistert zum Stift greifen, Merkzettel verfassen, kurze Notizen aufschreiben, ihre Beobachtungen im Detail notieren oder phantasievolle Geschichten erfinden.

Nicht selten aber empfinden Kinder und Jugendliche das Schreiben als eine ungeheure Anstrengung oder gar als qualvolle Angelegenheit, die sie im Unterricht zu meiden versuchen, wann immer es möglich ist (vgl. dazu die interessanten Falldarstellungen aus der Hauptschule von Lambrou 1987).

Wenn diese Probleme generell auf alle schreiben lernenden Kinder zutreffen, so müssen wir für die Gruppe der hier aufwachsenden Kinder nichtdeutscher Herkunft feststellen, daß das Schreiben in einer fremden, in einer zweiten Sprache, selbst wenn diese zweite Sprache in die Nähe der Muttersprache rückt, sich wie das Schwimmen in fremden Gewässern ausnimmt, die noch genauer erkundet werden müssen, bevor sie für das Kind die Sicherheit von Gewohntem bergen.

Häufig genug wird von einer guten mündlichen Kommunikationsfähigkeit auf die Fähigkeit, sich auch im Schriftlichen angemessen und richtig ausdrücken zu können, geschlossen.

Beide Kompetenzen, das Mündliche wie das Schriftliche, verlangen dem Individuum unterschiedliche Fähigkeiten ab, wie im folgenden noch gezeigt wird. Infolgedessen müssen diese beiden Fähigkeiten im Sprachunterricht auch – in enger Verzahnung miteinander – in ihren spezifischen Anforderungen eigens vermittelt werden.

Zuvor aber noch ein Blick auf die Konsequenzen, die im Sprachunterricht im Hinblick auf die schriftsprachlichen Produkte ausländischer Kinder gezogen werden.

Texte, die Fehler vor allem auf der formalsprachlichen Ebene aufweisen, also im Bereich der Grammatik und Orthographie, werden häufig als Beweis dafür genommen, daß ausländische Kinder selbst in der zweiten oder dritten Generation noch nicht in der Lage sind, die deutsche Sprache in vollem Umfang zu beherrschen. Die Beobachtung, daß ein wachsender Teil ausländischer Schüler und Schülerinnen sich im Mündlichen recht gut verständigen kann, der Bereich der Schriftsprache und der Fachsprachen ihnen aber weiterhin größte Probleme bereitet, ist zutreffend.

Wie sollte man auf diese ungleiche Verteilung sprachlicher Kompetenzen im Unterricht reagieren?

Am wenigsten ist diesen Schülern damit geholfen, wenn ihre besonderen Schwierigkeiten ignoriert werden oder wenn auf die strikte Einhaltung deutscher Richtlinien ohne Rücksicht auf ihre besonderen Schwierigkeiten gepocht wird.

Eine andere Reaktion, die vor allem unter verständnisvollen Kollegen und Kolleginnen anzutreffen ist, führt allerdings ebenfalls in die Sackgasse, wenn nämlich bestimmte Aufgaben, wie eben das Schreiben verschiedener Textsorten, im Deutschunterricht ausländischen Kindern aus vermeintlicher Fairneß gar nicht mehr abverlangt werden.

Dann aber reduzieren wir sinnvolle Ziele eines *grundlegenden Sprachunterrichts* für einen Teil der Schülerschaft. Wir schließen diese Schülergruppe damit aus einem wichtigen Bereich des öffentlichen kommunikativen Geschehens aus und nehmen gar eine Stagnation kognitiver Fähigkeiten in Kauf.

Dies wiederum hat zur Folge, daß die übergeordnete Zielsetzung des (Sprach-)Unterrichts, wie die *Realisierung von Chancengleichheit im Rahmen einer Interkulturellen Erziehung*, zugunsten einer vordergründigen Auffassung von Kommunikations- und Handlungsfähigkeit aufgegeben wird.

»Damit sind ihr Schulversagen, ihr Analphabeten-Status in unserer Gesellschaft, ihre Chancenlosigkeit auf dem Arbeitsmarkt und in weiterführenden Schulen vorprogrammiert« – wie Ingrid Dietrich zu Recht kritisiert (Dietrich, in: Valtin 1993, S. 232).

Wenn schon im Interesse aller Schüler keine Reduktion sprachlicher Lernziele hingenommen werden kann, ohne unabsehbare Folgen für einen Teil der Heranwachsenden heraufzubeschwören, so muß noch einmal die grundsätzliche Frage nach Bedeutung und Funktion des Schreibens für zukünftige Generationen gestellt werden.

Warum also dem Schreiben einen so hohen Stellenwert in der Schule einräumen? Schaut man sich heute den Teil der schreibenden Bevölkerung an, so wird man feststellen, daß Schreiben, gar regelmäßiges Schreiben, nur noch von »Profis« wie Schriftstellern, Journalisten oder Werbetextern betrieben wird. Lehrer und Lehrerinnen gehören, bis auf wenige Ausnahmen, nicht zu den »Vielschreibern« unserer Gesellschaft, sieht man einmal von den typisch schulischen Textsorten wie Eintragungen, Beurteilungen oder Kommentaren zu Schüleraufsätzen, Briefen an die Schulverwaltung oder an die Eltern ab.

Das ist höchst bedauerlich, aber angesichts der vielfältigen Verpflichtungen in der Schule auch verständlich.

Wir müssen realistischerweise davon ausgehen, daß viele Heranwachsende weniger Spaß als Frust beim Schreiben empfinden. Selbst die Aufforderung: »Schreib mal *spontan* auf, was dir dazu einfällt!« läßt eher Unruhe und Angst vor dem weißen, leeren Blatt aufkommen als Kinderhirne sich mit kreativen Schreibideen füllen.

Und selbst die bei Schülern sonst so beliebten Ausflüge, Zirkusbesuche oder Wandertage werden zuweilen verschmäht und gefürchtet, dienen sie lediglich als Anlaß für den Aufsatz am nächsten Morgen.

Welche Bedeutung haben also das Schreibenlernen und Schreibenkönnen für unsere Heranwachsenden (gleich welcher Herkunft), wenn Bücher durch Fernsehen und Computer ersetzt werden und die Menschen viel eher zum Telefon greifen als zum Stift?

Ist es nicht typisch für die Institution Schule, einer solch anachronistischen Kulturfertigkeit wie dem Schreiben anzuhängen und weiterhin Generationen von Schülerinnen und Schülern mit dem Produzieren von Texten zu traktieren?

Spielt nicht auch Rache mit – wie der zehnjährige Sohn einer Kollegin kürzlich mutmaßte –, daß die Jüngeren dieselben Mühen bei der hohen Kunst des Schreibenlernens durchleiden sollen wie die Älteren vor ihnen?

Warum also den Großteil der ausländischen wie der deutschen Schülerschaft den normativen Zwängen des Schreibens aussetzen, wo doch die Mediatisierung unserer Welt so weit fortgeschritten ist?

»Eine etwas plausible Umorganisierung«, so schlägt Gössmann in seiner »Theorie und Praxis des Schreibens« ironisch vor,»und das Schreiben wäre – im Gegensatz zum Lesen – abgeschafft« (S. 9).

Mitnichten! Alle Erfahrung deutet darauf hin, daß das Schreiben durch keine andere geistige Tätigkeit ersetzt werden kann, auch in Zukunft nicht. Damit ist bereits eine wesentliche Qualität des Schreibens zum Ausdruck gebracht – die der intellektuellen Auseinandersetzung des menschlichen Geistes mit seiner Wirklichkeit.

»Das Schreiben zählt zu den großen Leistungen des menschlichen Geistes, in denen sich seine Freiheit ausdrückt. Es läßt der Individualität Raum. Es ist eine Quelle der Freude, ein Weg, auf dem es vieles zu entdecken gibt. Wer sein eigenes Leben schreibend verfolgt, vertrauensvoll und gelassen, empfindet die Welt immer als einladend und rätselhaft, als unermeßliche Sphäre, die lebendige Realität und Unberechenbarkeit des Traums miteinander vereint.

Durch das Hin-und-her-Wechseln zwischen Erlebnis und Gedanke gelangt der Schreibende über Raum und Zeit hinaus. Ihm gehört das ganze unerforschte Reich der menschlichen Vorstellungskraft« (Stafford, in: Rico 1991, S. 14–15).

Es wäre sicher unrealistisch zu behaupten, daß das Schreiben – angesichts der bekannten Mühen – bei allen Schülerinnen und Schülern eine »Quelle der Freude« zu werden verspricht und daß darüber hinaus der oder die Schreibende Realität und Traum durch das Schreiben zu vereinen imstande sind.

Wer diese Aussagen als »Höhenflüge« aber ausschließlich ins Reich der Dichter verweist, den mag zumindest die Erkenntnis trösten, daß durch das Schreiben nicht nur kognitive Fähigkeiten entwickelt werden, sondern sich auch bei sogenannten schwachen Schülern und Schülerinnen schöpferische Kräfte entfalten lassen, denen wir es nicht ohne weiteres zugetraut hätten.

Dann allerdings käme es doch einer »Unterlassungssünde« gleich, »befreite« man einen Teil unserer Schülerschaft, nämlich vorrangig Kinder nichtdeutscher Herkunft, von den Anstrengungen des Schreibens in der Schule. Dies wäre dann keine Rücksichtnahme, sondern falsch verstandenes Fair play mit ungeheuer negativen Folgen für nachkommende Generationen ethnischer Minderheiten.

Akzeptiert man also die grundlegende Bedeutung des Schreibens als eine umfassende geistige und kreative Tätigkeit, so ist eine einseitige Favorisierung der mündlichen Kommunikationsfähigkeit weder für deutsche noch für ausländische Kinder im Unterricht aufrechtzuerhalten.

In der Diskussion über eine geeignete »Didaktik des Deutschen als Zweitsprache« ließ sich bereits in den 80er Jahren eine Akzeptanzverschiebung hinsichtlich der zu vermittelnden Fähigkeiten und Fertigkeiten feststellen, die wir in den wichtigsten Punkten zusammenfassen:

1. Die Zielsetzungen für den Deutschunterricht mit Heranwachsenden nichtdeutscher Herkunft müssen im Hinblick auf Anspruch und Niveau identisch sein mit den Zielsetzungen, wie wir sie für den muttersprachlichen Deutschunterricht für sinnvoll halten.
2. Die Zeit eines oberflächlichen Kommunikationstrainings oder der Einübung in Touristendeutsch für Kinder ethnischer Minderheiten ist endgültig vorbei.

Dies impliziert eine stärkere Gewichtung schriftsprachlicher Kompetenzen im Deutschunterricht für alle Kinder und verstärkt die Bedeutung des schriftsprachlichen Bereichs innerhalb des gesamten Deutschunterrichts.[1]

Wir alle wissen aus eigener Erfahrung: Schreiben ist nicht nur Lustgewinn, sondern auch eine anstrengende Tätigkeit; dies gilt selbst für professionelle Schreiber.

Selbstverständlich steckt nicht in jedem von uns das Genie eines Goethe, einer Christa Wolf oder Octavio Paz, eines Nazim Hikmet oder einer Gioconda Belli. Doch in jedem von uns steckt ein Potential verschiedener Begabungen, auch der Begabung, seinen Gedanken schriftlich Ausdruck zu verleihen.

Wir wollen keineswegs über die Schwierigkeiten und Blockaden hinwegtäuschen, die Kinder, Jugendliche und auch Erwachsene beim Schreiben erleben, zumal wenn sie sich in einer fremden oder ungewohnten Sprache bewegen.

Unser Anliegen ist es vielmehr zu zeigen,

– daß alle Kinder schreiben (lernen) können, auch bei Begabungsunterschieden,
– daß die Schreibanstrengungen durch den Spaß beim Schreiben belohnt werden können,
– daß es Techniken und Verfahren des Schreibens gibt, die auf unterschiedliche Sprachlernniveaus zugeschnitten sind und somit Anfängern wie Fortgeschrittenen ermöglichen, von Anfang an für sie wichtige Inhalte schriftlich zu äußern, und
– daß sich bei diesem Prozeß Muttersprache und Zweitsprache gegenseitig fördern können.

Es verhält sich eben nicht so, daß sich unsere Gedanken bereits logisch geordnet in unserem Kopf befinden und nur noch der schriftlichen Fixierung bedürfen, sondern beim Schreiben selbst ergeben sich – selbst bei gründlicher Planung – Ordnungsraster und Strukturen ähnlich dem Prozeß, den Kleist in seinem Essay »Über die allmähliche Verfertigung der Gedanken beim Reden« beschreibt:

»Wenn du etwas wissen willst und es durch Meditation nicht finden kannst, so rate ich dir, mein lieber sinnreicher Freund, mit dem nächsten Bekannten, der dir aufstößt, darüber zu sprechen ...

Und siehe da, wenn ich mit meiner Schwester davon rede, welche hinter mir sitzt, und arbeitet, so erfahre ich, was ich durch ein vielleicht stundenlanges Brüten nicht herausgebracht haben würde. Nicht, als ob sie es mir, im eigentlichen Sinne *sagte*; denn sie kennt weder das Gesetzbuch, noch hat sie den Euler, oder den Kästner studiert.

Ich mische unartikulierte Töne ein, ziehe die Verbindungswörter in die Länge, gebrauche wohl auch eine Apposition, wo sie nicht nötig wäre, und bediene mich anderer, die Rede ausdehnender Kunstgriffe, zur Fabrikation meiner Idee auf der Werkstätte der Vernunft, die gehörige Zeit zu gewinnen ...

Ich glaube, daß mancher große Redner, in dem Augenblick, da er den Mund aufmachte, noch nicht wußte, was er sagen würde. Aber die Überzeugung, daß er die ihm nötige Gedankenfülle schon aus den Umständen, und der daraus resultierenden Erregung seines Gemüts schöpfen würde, machte ihn dreist genug, den Anfang, auf gutes Glück hin, zu setzen« (Kleist, Kleine Prosa 1799–1811, hrsg. von Haufe 1964, S. 34–43).

---

1 Eine zusammenfassende Diskussion der Zielsetzungen zum interkulturellen Deutschunterricht findet sich bei Hegele/Pommerin 1983; Belke 1984; Oomen-Welke 1994; Luchtenberg 1995.

Sicher ist in einem interkulturellen Sprachunterricht auf die Einmischung »unartiku-lierter Töne« und ähnlicher, »die Rede ausdehnender Kunstgriffe«, die Kleist der Nachwelt scherzhaft eingesteht, zu verzichten.

Nicht zu verzichten aber ist auf den »guten Anfang«, der sowohl beim Reden wie beim Schreiben häufig wie eine Initialzündung wirkt, der weitere Gedanken und Schreibideen folgen läßt und der jene »dunkle Vorstellungen« zur Klarheit führen kann, wird ein Gedanke erst einmal formuliert und schriftlich festgehalten. Denk- und Formulierungsprozesse sind beim Schreiben wie beim Sprechen aufeinander bezogen und drängen, wie Gössmann sagt, gegenseitig zur Klärung; die Dialektik von Sprache und Erkenntnis verbindet beides miteinander. Dennoch bestehen zwischen dem Schreiben und dem Sprechen grundlegende Unterschiede, deren sich der Lehrer be-wußt sein muß, um auch die Schwierigkeiten besser verstehen zu können, denen sich vor allem schreibungeübte und -unsichere Kinder und Jugendliche ausgesetzt sehen. Eine wesentliche Schwierigkeit des Schreibens liegt nämlich in den Gesetzmäßigkei-ten der Schriftsprache selbst.

Insofern wollen wir im folgenden einen Blick auf die wichtigsten Unterschiede zwi-schen gesprochener und geschriebener Sprache werfen und versuchen, aus diesen grundlegenden sprachtheoretischen Erkenntnissen didaktische Konsequenzen für ei-nen interkulturellen Sprachunterricht in multinationalen Regelklassen zu ziehen, in dem das Schreiben zu einer wichtigen Tätigkeit werden kann.

3. Unterschiede zwischen gesprochener und geschriebener Sprache

Bereits Humboldt hat bei seiner Unterscheidung von Poesie und Prosa festgestellt, daß zur Zweckbestimmung der beiden Sprachformen jede ihre eigene Logik, eigene Grammatik und eigene Syntax entwickelt.

Bevor wir uns auf die unterschiedlichen Merkmale der gesprochenen und geschrie-benen Sprache näher einlassen, ist zunächst zu klären, wo die Grenze zwischen diesen beiden Sprachvarianten anzusetzen ist.

Gesprochene Sprache ist eine »frei formulierte Sprache« (Lewandowski 1994). Sie ist durch Natürlichkeit und Spontaneität im Gespräch gekennzeichnet und unterliegt deshalb auch nicht so sehr den allgemeingültigen Sprachnormen, die ihrerseits wie-derum ein Hauptmerkmal für die Schriftsprache bilden.[2]

Dialog und Monolog

Bei der Unterscheidung von mündlicher und schriftlicher Sprache wird vielfach auf den dialogischen Charakter des Sprechens und auf die monologische Form des Lesens und Schreibens verwiesen. »Der Dialog setzt die Wahrnehmung des Gesprächspart-

---

2 Hugo Steger (1969) schränkt die gesprochene Sprache auf folgende Fälle ein:
   1. Gesprochenes, das nicht vorher aufgezeichnet wurde;
   2. Gesprochenes, ohne vorher länger für einen bestimmten Vortragszweck bedacht worden zu sein;
   3. nur Prosa;
   4. Gesprochenes, das in seiner Art als normal gelten kann.

ners, seiner Mimik, seiner Gesten und der Intonationsseite der Sprache voraus.« (Wygotski 1972, S. 335)

Dadurch wird der Verständigungsprozeß von Anfang an erheblich erleichtert.

Was die direkte Verständigung betrifft, haben es der Schreibende und der Lesende um ein Vielfaches schwerer. Von daher erklärt sich auch, warum man im Regelfall nur schreibt, wenn man muß. Dem Schreibenden fehlt das unmittelbare Gegenüber. Deshalb hat er beim Schreiben darauf zu achten, daß er beim Leser auch richtig verstanden wird.

Flüchtigkeit und Beständigkeit

Vergleichen wir die beiden Sprachvariationen des Mündlichen und Schriftlichen, so fällt auf, daß sowohl der Schreiber als auch der Leser nicht dem gleichen Gesetz des Handelns unterliegen wie der Teilnehmer eines Gesprächs. So hat der Schreiber mehr Zeit, um seine Nachricht so zu organisieren, daß sie vom Rezipienten auch richtig aufgenommen wird. Der Schreiber hat den nötigen Abstand zu dem, was er sagen will. Der Leser spürt den Abstand zum Autor des Geschriebenen. Geheimer Zweifel: Was »er« wohl damit meint?

Anders die Situation im Gespräch. Da zählt der Augenblick. Ein Gespräch lebt vom Witz, von der Schlagfertigkeit, von der Ausstrahlung und Spontaneität der am Gespräch Beteiligten. Umgekehrt ist schnell etwas gesagt, das sich nicht so leicht »ausradieren« läßt. Der Sprechende weiß allerdings auch, daß er mit seinen Worten im normalen Alltag nicht in die Weltgeschichte eingehen wird im Gegensatz zu so manchem Schreiber, dem wir heute noch verdanken, daß wir durch ihn etwas über Vergangenes erfahren haben. Dadurch werden eben die rätselhaften Hieroglyphen interessant, um durch sie aus früheren Zeitepochen Informationen zu entziffern.

Gesprochene Sprache hebt sich also von der Schriftsprache auch dadurch ab, daß in ihr eine gewisse Tendenz zur Verflüchtigung des soeben Gesagten liegt – es »verklingt« –, während das geschriebene Wort über das hic et nunc hinausweist und somit mehr durch Festigkeit gekennzeichnet ist.

Zwar nimmt heutzutage die Flut gedruckten und geschriebenen Materials derart überhand, daß von der Beständigkeit des Geschriebenen nur noch bedingt die Rede sein kann. Es wird aber auch in Zukunft noch Lebensbereiche geben, die den Vorteil der Schriftsprache nutzen werden, etwa die Literatur oder jener Sektor der Technologie, der mit Dokumentation zu tun hat. Umgekehrt stellen wir auch fest, daß es heute durch Tonaufzeichnungen durchaus möglich ist, Gesprochenes auf längere Sicht festzuhalten. Insofern sind die Grenzen zwischen mündlichem und schriftlichem Sprachgebrauch in der heutigen Zeit verschwommener; dennoch bestehen Unterschiede zwischen den beiden Sprachvarianten, die wir im folgenden noch genauer aufzeigen wollen.

Merkmale der gesprochenen Sprache

Die mündliche Kommunikation weist eine Vielfalt an Besonderheiten auf: Verkürzungen, Ausschmückungen, Wiederholungen, Ergänzungen u. a.

1. Auf der stilistischen Ebene

Sprachliche Verkürzungen

Grammatische Besonderheiten	Kurzformen
Ellipsen	»Herein!« (Standard: »Kommen Sie herein!« oder »Komm(t) herein!«)
Prädikative Aussagen	»Er kommt!« (»Endlich fährt der Zug ein. Gleich können wir einsteigen.«)
Infinite Formen	»Herhören!« (»Bitte, hört mal kurz her!«)
Art der Intonation	»Fertig?« – »Fertig.« (»Seid ihr fertig?« – »Ja, wir sind fertig.«)
Verschleifungen	»Hörst du's? (»Hörst du es?«)
Kontraktionen	»… mit 'm Bus …« (»mit dem Bus«)

Ausschmückungen/Wiederholungen/Ergänzungen

Darunter nehmen die sogenannten Redundanzen (der Versuch, ein und dieselbe Sache auf mehrfache Art und Weise darzustellen, um zu erklären, was nicht verstanden werden kann oder verstanden werden will) einen breiten Raum ein. Ihre Funktion besteht darin,

- einen schwierigen Sachverhalt näher zu klären,
- Mißverständnisse nicht aufkommen zu lassen,
- auf Kritik zu reagieren und
- mit sprachlichen Mitteln soziale Nähe zu schaffen.

Beispiel: »Vertrauen ist wichtig. Mir scheint gerade dieser Faktor von grundlegender Bedeutung zu sein. Ohne Vertrauen bricht die ganze Basis, die gesamte Grundstruktur in sich zusammen. Mit anderen Worten: Vertrauen ist das A und O in jeder Situation …«

Auch die Paraphrase (Umschreibung) verhilft dem Sprecher dazu, eine Idee mit mehr als einem Satz zu verdeutlichen. Vor allem ist diese Art der Erklärung neben dem Unterricht in der Muttersprache im zweit- und fremdsprachlichen Unterricht von großer Bedeutung.

Beispiel: »Was ist eine Giraffe? – Ein Tier, das in Afrika lebt. Es hat einen langen Hals und lange Beine. So kann es vom Baum die Blätter fressen …«

2. Auf der grammatischen Ebene

Syntax

Grammatische Besonderheiten	Umgangssprache	Standardsprache
Anakoluthe (Satzabbrüche)	»Der Baum hier, der …!«	»Dieser Baum muß weg!«
Parataxen (Reihungen)	»Und dann hat er gelacht. Und dann ist er so reingekommen.«	(sind hier atypisch)
Hypotaxen (Satzgefüge)	(sind seltener)	»Als er reinkam, lachte er.«

Wortarten

Darunter gewinnen die sogenannten unflektierten Abtönungspartikel wie »aber, doch, nur« im mündlichen Sprachgebrauch eine besondere Bedeutung. Sie werden in einer großen Vielfalt als »emotionale Signale« verwendet, um dem Gesprächspartner Gefühle wie Angst, Bedauern, Zuwendung, Rechtfertigung u. ä. zu zeigen. Eine Version wie »… ich wollte dir doch nur sagen …« weist auf ein mögliches Mißverständnis, auf eine erforderliche Klarstellung der Fakten hin.

Auch deiktische Elemente wie »da, gestern, hier, du« sind im mündlichen Sprachgebrauch beliebte und häufig verwendete Ausdrucksmittel, die in einer konkreten Situation, meist noch von der Körpersprache unterstützt, eine hinweisende Funktion erfüllen. Dadurch erspart sich der Sprecher das Ausformulieren von Sätzen und die ausführliche Darstellung eines bestimmten Sachverhalts und Gemütszustands. So drückt das unscheinbare Wörtchen »da« beim mühseligen und wiederholten Suchen eines Gegenstands viel mehr aus als die umständliche und langatmige Äußerung wie etwa: »Den halben Tag hab' ich schon nach diesem wertvollen Ring gesucht und kaum mehr die Hoffnung gehabt, ihn wiederzufinden. Und jetzt schaue ich nochmals in die Ecke. Und habe das große Glück, ihn hier zu finden. Jetzt kann ich wieder aufatmen …«

Schwierigkeiten im Umgang mit der Schriftsprache

Das Schreiben erfordert vom einzelnen eine Vielfalt an abstrakten Prozessen, derer sich ein geübter Schreiber kaum mehr bewußt wird. Von didaktischer Bedeutung sind folgende Wesensmerkmale der geschriebenen Sprache:

Die fehlende Präsenz des Ansprechpartners

Das Kolorit und die Lebendigkeit des Dialogischen können in der Schriftsprache nur bedingt wiedergegeben werden, da das Geschriebene stumm ist und aus dem »Zeigfeld« (Bühler 1979) der konkreten Gegenständlichkeit herausgenommen ist. Deshalb muß beim Schreiben zunächst der Adressat in unserer Vorstellung präsent gedacht und erfühlt werden. Dies fällt vor allem jungen und ungeübten Schreibern schwer. So manche Schreibmotivation wird allein schon dadurch gebremst, daß der Schreibende gar nicht so recht weiß, für wen und an wen er zu schreiben hat.

Beispiele: ein traditioneller »Auf-Satz« im Rahmen des Deutschunterrichts; das Ausfüllen von Formularen oder Fragebogen bei Erwachsenen.

Der Verbindlichkeit von Sprachnormen

Eine weitere Schwierigkeit beim Schreiben erwächst daraus, daß der Schreiber sich an die Normen einer Sprachgemeinschaft anzupassen hat. Orthografie, die korrekte Anwendung der Grammatik, eine adäquate Wortwahl sowie Aspekte der Textstringenz, konsequenter Satzbau und Logik der Gedankengänge sind unverzichtbare Voraussetzungen für die Erstproduktion.

Darüber hinaus gilt:
»Zu große Abweichungen von den sozialen Sprachnormen werden, wie allgemein im gesellschaftlichen Leben, so besonders auch in der Sprache, gewöhnlich durch Nachteile, ja Strafen geahndet.« (Steger 1967)

Fällt es häufig genug schon dem Schreiber der Muttersprache schwer, dieser allgemeinen Erwartungshaltung zu entsprechen, so leidet darunter ganz besonders der ausländische Schüler, dem die Sprache seiner Umwelt noch nicht zur Selbstverständlichkeit geworden ist. Eine falsche Zeit- und Gedankenfolge finden wir zwar auch bei Schülern mit deutscher Muttersprache, bei nichtdeutschen Schülern aber führen Fehler dieser Art nicht selten zur teilweisen oder gar völligen Unverständlichkeit eines Textes.

Idiolekt oder die eigene Art zu schreiben

Das mangelnde Verstehen eines Textes hat auch einen sprachphilosophischen Hintergrund, den Wilhelm von Humboldt in aller Klarheit dargestellt hat. Für ihn beinhaltet jede Sprache gleichzeitig eine bestimmte Sicht der Welt, die von einer Sprachgemeinschaft zur anderen wesentliche Unterschiedsmerkmale aufweist. So hat der Römer nur einen Begriff für das Phänomen »Pferd« entwickelt – »equus«, in seiner Mentalität wohl nicht mehr als ein nützlicher Gegenstand, um seine Welt im Griff zu haben. Bei den Germanen war die Beziehung zum Pferd offensichtlich viel differenzierter, sonst hätten wir nicht heute noch eine Vielzahl von Bezeichnungen für das gleiche Phänomen »Pferd«: Roß, Hengst, Schimmel, Mähre usw.

Darüber hinaus wirkt sich die unterschiedliche Sicht der Welt mittels der Sprache auch auf grammatikalischer Ebene aus. Dazu ein paar Beispiele:

Im *Spanischen* sind die Zeitformen des Verbs stärker strukturiert als im Deutschen. Unter den Vergangenheitsformen stoßen wir auf eine weitere Form der 1. Vergangenheit.

       venía (pretérito imperfecto)

er kam

       vino (pretérito indefinido)

»venía« bezeichnet einen Zustand in der Vergangenheit ohne nähere zeitliche Begrenzung. Deshalb findet diese Vergangenheitsform ihre Anwendung etwa bei wiederholten Handlungsabläufen oder bei Milieuschilderungen.

Venía a casa a las seis de la tarde.

Er kam (normalerweise immer) um 18 Uhr nach Hause.

»vino« bezeichnet dagegen ein bestimmtes Ereignis in der Vergangenheit, das durch folgende Merkmale gekennzeichnet ist: einmalig, abgeschlossen, von begrenzter Dauer.

Ayer vino a casa a las siete de la tarde.

Gestern kam er um 7 Uhr abends nach Hause.

Im *Türkischen* gibt es bei der Flexion der Nomina einen 5. Fall Ablativ, der unserem Empfinden nach eine adverbiale Bestimmung hat: evden = aus dem Haus oder von zu Hause (ev = Haus; -den … = Endung des 5. Falles, in der Bedeutung »aus dem …«).

Bei Sprachen außerhalb unseres europäischen Kulturkreises nimmt die Kontrastivität der Grammatik oft Formen an, die uns auf Anhieb grotesk, undurchsichtig und verwirrend erscheint. Sieht der Japaner beispielsweise Kirschblüten vor sich, so vermag er durch seine Grammatik ein solch urpersönliches Erlebnis in dieses Geschehen hineinzulegen, daß er sagt, »mein Kirschblühensehen«.

Auch in der Sprache des einzelnen spiegelt sich die Besonderheit seiner Weltansicht wider. Dann sprechen wir von Idiolekt und verstehen darunter die Sprachform des einzelnen als Ergebnis seiner persönlichen Lebenserfahrung und als »persönlichste Variante« der Muttersprache überhaupt.

So gesehen, sind auch unsere ausländischen Schüler Wanderer zwischen Welten und Sprachen. Sie haben sich nicht nur mit den Varianten der Mutter- und Zweitsprache auseinanderzusetzen, sondern auch mit dem Verständnis des kulturellen Hintergrunds dieser Sprachen. Im Mündlichen lassen sich dazu Rückfragen stellen, im Schriftlichen jedoch sind Schreiber und Leser in solchen Situationen weitgehend sich selbst überlassen.

Schriftsprache und kindliche Sprachentwicklung

Wygotski (1972) hat deutlich gemacht, daß der Schritt vom Sprechen zum Schreiben viel größere Schwierigkeiten mit sich bringt, als Erwachsene sich das gemeinhin vorstellen.

Demnach setzt der systematische Spracherwerb am Ende des zweiten Lebensjahrs ein, indem sich die Fähigkeit im Kinde zu entwickeln beginnt, die Wirklichkeit durch »Zeichen« auszudrücken. Durch das Beherrschen lautsprachlicher Zeichen gelingt dem Kind aber nicht nur der Fortschritt im sprachlichen Bereich, sondern auch die Entwicklung des Denkens.

> »Alles in allem nimmt also das entsprechende Denken … seinen Ursprung in der Differenzierung von Bezeichnungen und bezeichneten Gegenständen und fußt gleichzeitig auf der Bildung der Symbole und der Entwicklung der Zeichen.« (Piaget 1972, S. 143)

Einen völlig neuen Einstieg in das Erlernen der Sprache erlebt das Kind beim Erwerb der Schriftsprache. Diese Sprachvariante, der die Expressivität des Dialogischen abhanden gekommen ist, stellt für das heranwachsende Kind eine »völlig ungewohnte Sprachsituation« dar. Der fehlende menschliche Kontakt bei der Schriftsprache macht diese zu einer »Monolog-Sprache«, zu einem »Gespräch mit einem weißen Blatt Papier« (Wygotski 1972, S. 222).

Diese ungewohnte und neuartige Herausforderung beschreibt Wygotski folgendermaßen: »Das Kind soll von der sinnlichen Seite der Sprache abstrahieren und zu einer abstrakten Sprache übergehen, die nicht Wörter, sondern die Vorstellung von Wörtern benutzt« (Wygotski 1972, S. 224).

Der gleiche Autor wagt den Vergleich der Sprache mit einem mathematischen Hintergrund: »Es ist natürlich, daß die Sprache ohne realen Klang, die nur vorgestellt und gedacht wird und eine Symbolisierung der Lautsymbole, d.h. eine Symbolisierung zweiter Ordnung fordert, in dem gleichen Maße schwieriger sein muß als die mündliche, wie die Algebra für das Kind schwieriger sein muß als die Arithmetik. Die Schriftsprache ist gleichsam die Algebra der Sprache« (Wygotski 1972, S. 225).

C Schreibenlernen

„Papa, ich bin froh, daß ich nicht als Chinesin auf die Welt gekommen bin! Dann müßt' ich über 1000 Schriftzeichen lernen – sagt unsere Lehrerin."

1. Alphabetisierung – Grundsätzliches

Als Alphabetisierung bezeichnet man heute vorwiegend den Prozeß des grundlegenden Schriftspracherwerbs bei Jugendlichen und Erwachsenen. Bei Kindern spricht man eher von »Lesen- und Schreibenlernen«. Dabei wird auf ein/unser alphabetisches Schriftsystem Bezug genommen.

Der Schriftspracherwerb kann keineswegs als analog zum Sprechenlernen angesehen werden.

Die Motivation zum Erwerb der gesprochenen Sprache liegt für Kinder im primären Bedürfnisbereich, da das Aussprechen von Interessen und Wünschen eine wesentliche Hilfe auf dem Weg zur Unabhängigkeit darstellt.

Der Schriftspracherwerb hat für die Bewältigung der spezifischen kindlichen Lebenssituation eine weit geringere Bedeutung.

Schrift ist als Wahrnehmungsreiz in der Umwelt für das Kind zwar ebenfalls von Interesse, die Motivation zum Schriftspracherwerb bedarf aber extrinsischer Faktoren (vgl. dazu Erichson 1981).

Ob und wie stark sich ein Bedürfnis zum Schriftspracherwerb entwickelt, hängt vor allem davon ab, wie viele (lustbetonte) Lese- und Schreibsituationen Kinder in Familie und Umfeld erfahren.

Antworten von Schulanfängern auf die Frage: »Warum lernst du lesen?«:

... damit ich gescheit werde ...
... damit kann ich Matthias' Bücher selbst lesen ...
... damit ich am Morgen mit Papa die Zeitung lesen kann ...
... weil ich dann ins Gymnasium komme ...
... damit ich weiß, was im Fernsehen kommt ...

Antworten von Schulanfängern auf die Frage: »Warum lernst du schreiben?«

... dann kann ich wen (zum Geburtstag) einladen ...
... damit ich mir einen (Merk-)Zettel schreiben kann ...

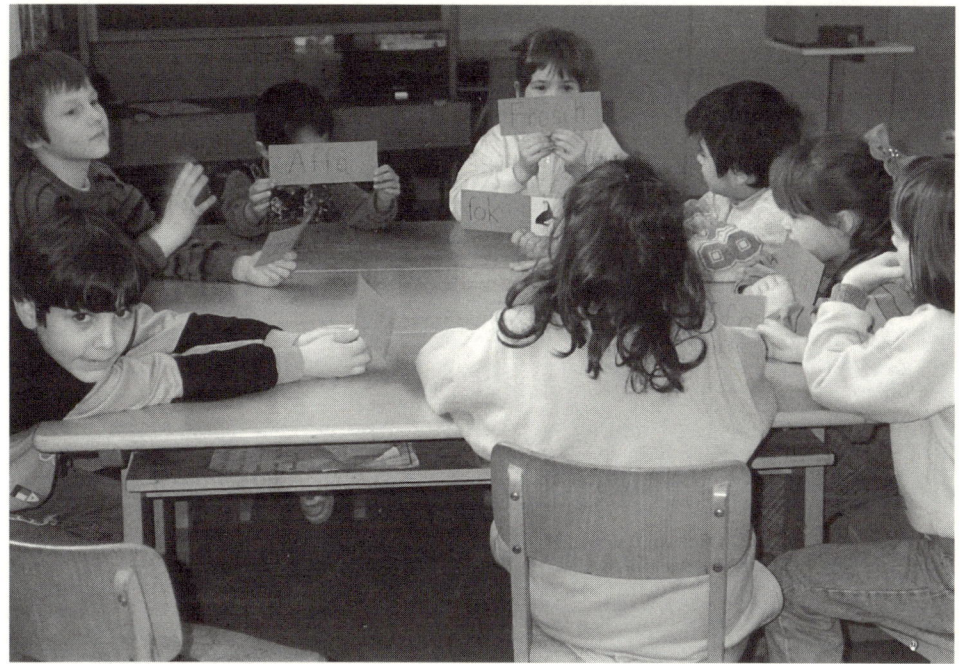

… damit ich einen Einser kriege …
… weil ich in der Schule bin …
… dann kann ich Sylvia (einen Brief) schreiben …

Voraussetzung für den Schriftspracherwerb sind sprachanalytische Leistungen. Die Strukturelemente der Sprache müssen bewußt erfaßt werden. Bestimmte sprachliche Einheiten wie Laute, Wörter und Sätze müssen erkannt werden.

Zweifellos kann Schrift als ein Code für das Umschreiben von akustischen Einheiten in grafische Einheiten gesehen werden. Hierzu sind vor allem Wahrnehmungsleistungen erforderlich, die durch Unterscheidungsübungen trainierbar sind.

Liegt dem Unterricht diese Sichtweise zugrunde, so geht es ihm vorrangig um den Erwerb einer Technik.

Wird Schrift jedoch als Darstellungssystem aufgefaßt, so geht es im Unterricht darum, sich einen neuen Erkenntnisgegenstand begrifflich anzueignen.

Bevor Kinder ihre ersten Wörter selbständig aufschreiben, müssen sie wichtige Einsichten gewinnen

– in den Aufbau unserer Schrift,
– in die Funktion(en) unserer Schrift und
– in den Zusammenhang zwischen gesprochener und geschriebener Sprache.

Das Alter, in dem Kinder das Lesen und Schreiben lernen, ist sehr unterschiedlich. Jede/r erfahrene Grundschullehrer/in kennt Kinder, die bei Schuleintritt bereits lesen können. Die meisten Schulanfänger können bei der Einschulung ihren eigenen Namen lesen und schreiben. Spitta (1988) stellt uns Texte von Ada Freese vor. Dieses

31

Mädchen begann mit vier Jahren schreiben zu lernen und verfaßte mit fünf Jahren bereits viele Briefe und Geschichten. Hinlänglich bekannt sind jedoch auch all jene Schüler, die über Jahre hinweg nicht flüssig lesen können und erhebliche Schwierigkeiten haben, Texte zu verstehen oder verständliche Texte zu produzieren.

Nach Erichson ist das Gefälle zwischen den Schulanfängern »wie Soll und Haben. Nur wird das Soll von den Kindern selbst überhaupt nicht als Defizit empfunden. Erst in der Schule wird daraus ein Defizit gemacht, wenn wiederum im falschen Glauben an eine gemeinsame Ausgangsbasis an alle Kinder dieselben Lernanforderungen gestellt werden.«

Welche wichtigen Einzelleistungen sind beim Lesenlernen zu bewältigen?

Zuordnung Schriftzeichen – Laut
  (Graphem – Phonem)

Laut- und Schriftzeichen-
  identifikation

Laut- und Schriftzeichen-
  lokalisation

Umsetzung von Buchstabenreihen in Lautfolgen und umgekehrt

Durchgliederung und Simultanerfassung von häufig vorkommenden Buchstaben-kombinationen und Lautfolgen

Sinnerfassen

überschauendes und dennoch sinnerfassendes Lesen von (zunächst einfachen) Sätzen und Texten

Gliederung längerer Sätze in kleinere Sinneinheiten (Wörter, Wortgruppen)

Beziehungen zwischen Wörtern und Sätzen herstellen

»zwischen den Zeilen« lesen

Zusammenhänge aus dem Kontext erschließen

Hauptgedanken und Nebengedanken eines Textes voneinander unterscheiden

Die Einzelleistungen stehen in Wechselwirkung zueinander. Viele bauen aufeinander auf. So muß »t« z.B. zunächst einwandfrei identifiziert werden können, bevor es in »Auto« als Inlaut erkannt (lokalisiert) wird. Es müssen erst Buchstaben und Wörter gelesen werden können, bevor »überschauendes Lesen« möglich wird.

Sinnerfassendes Lesen ist allerdings keineswegs erst zu einem späten Zeitpunkt innerhalb des Lernprozesses möglich. Schon in den ersten Wochen können Kinder einfache Texte (Wort-Bild-Kombinationen) »kritisch lesen« und auf ihren Sinn hin überprüfen.

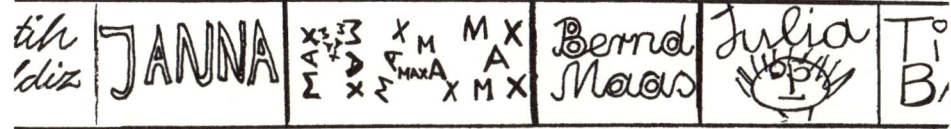

Welche wichtigen Einzelleistungen sind beim Schreibenlernen zu bewältigen?

Erfassen unterschiedlicher Formelemente (z.B. i, o, e, j) und Schriftzeichen

Vollzug bestimmter Bewegungen und Bewegungsabläufe (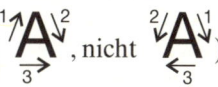)

Kenntnis günstiger Bewegungsabläufe

Beachtung von Buchstabengrößen, Zeilen und Abständen zwischen Buchstaben und Wörtern

Orientierung innerhalb der vorhandenen Schreibfläche

Erkennen, daß Schrift die grafische Darstellung von Sprache ist

»Einsicht, daß ›das Konstruktionsprinzip‹ unserer Schriftsprache die Abbildung aller Redeteile der gesprochenen Sprache in ihrem nahezu unerschöpflich kombinierbaren

Lautbestand durch eine begrenzte Zahl den Lautzeichen annähernd entsprechender Schriftzeichen ist.« (Valtin/Naegele [3]1993)

Erkennen wesentlicher Funktionen von Schrift wie
Möglichkeit der Kommunikation
Merkhilfe, Denkhilfe, Erkenntnishilfe
Ausdrucks- und Gestaltungsmöglichkeit

Erkennen, daß es im Deutschen nur wenige Wörter gibt, für die gilt: »Schreibe, wie du sprichst!«

Kenntnis von Rechtschreibregeln

Einsicht in Strategien zur Beherrschung der Rechtschreibregeln (z.B. Kind oder Kint? Lösung: Kind wie Kinder)

Wodurch werden Lesen- und Schreibenlernen beeinflußt?

Lesen- und Schreibenlernen sind vor allem abhängig von

– gesunden und zuverlässigen Sinneswahrnehmungen,
– kognitiven Fähigkeiten,
– sprechmotorischen Fertigkeiten,
– Koordination der Feinmuskulatur und
– Ausdauer und Konzentrationsvermögen.

Nicht zu unterschätzen ist die Bedeutung des individuellen Wortschatzes, soweit der Lernprozeß nicht zeitweise unnötig auf die rein technischen Aspekte des Schreibens und Lesens reduziert wird.

Beim Leseverständnis spielen Merkmale der kindlichen Persönlichkeit eine wichtige Rolle. Dazu gehören z.B. Interessen, Motivation, Vorwissen/Vorerfahrungen, Intelligenz (vgl. Kalb/Rabenstein/ Rost 1979). Es ist davon auszugehen, daß derartige Personalcharakteristika auch auf das Schreibenlernen großen Einfluß haben.

Besonders wichtig ist die Motivation durch Anknüpfen an Interessen und Hobbys der Kinder. Naegele zeigt, wie selbst bei »Nichtschreibern« (Kinder mit Lese- und/oder Schreibschwierigkeiten/Kinder mit Abneigung gegen alles Lesen und/oder Schreiben) auf diese Weise Erfolge zu erzielen sind (vgl. Naegele 1986). Außerdem weist sie auf die Bedeutung einiger Prinzipien hin, wie z.B.:

– rasches Feedback und positive Verstärkung
– positive Lernatmosphäre

– angemessene Aufgabenstellungen
– Eingehen auf die unterschiedlichen Wahrnehmungstypen.

> Ich heiße Simone.
> Am liebsten spiele
> ich mit einem Teddybären
>
> Ich heiße Nadine.
> Am liebsten spiele ich
> mit meinen Puppen.
>
> Ich heiße Müzeyyen.
> Am liebsten spiele
> ich mit meinem Ball.
>
> Ich heiße Filiz.
> Am liebsten spiele
> ich mit meinem Kasper
>
> Ich heiße Sina.
> Am liebsten spiele
> ich mit meinem Elefanten.
>
> Ich heiße Alpay
> Am liebsten spiele
> ich mit meinem Roboter

Röhner/Dochhorn stellen als Prinzipien ihrer Schreibarbeit am Schulanfang heraus:

Ausgangspunkt: Erfahrungen der Kinder (Morgenkreis)
Mittelpunkt des Schreibvorgangs: stets das Ich jedes einzelnen Kindes
Entstehungsgrundlage für Texte: dialogische Prozesse und Phasen individualisierten Lernens

Ich esse gern Käse

Beispiel:

Beim gemeinsamen Frühstück in einer ersten Grundschulklasse werden Fotos gemacht. Die später an der Fotowand ausgestellten Bilder regen zu vielfältigen Gesprächen an. Daraus ergibt sich die Beschriftung der Fotos. Die Texte werden gelesen, verglichen, besprochen und motivieren schließlich zu weiteren Texten.

Um adäquate Lern- und Aufgabenangebote machen zu können, ist es unabdingbar, den individuellen Standort innerhalb des Lernprozesses eines Kindes richtig einzuschätzen.

Nur so können die nachhaltigen negativen Auswirkungen von Über- oder Unterforderung verhindert werden.

Schon verhältnismäßig kleine Störungen in der Reihe aufeinanderfolgender Lernschritte können katastrophale Auswirkungen haben (vgl. Kalb/Rabenstein/Rost 1979).

So kann z.B. das Verwechseln von b und d zu einer dauerhaften Beeinträchtigung des Lesen führen: Sadine will Sanbra fraden.

Verbindungen zwischen Lesenlernen und Schreibenlernen

»Das Lesen mit Hilfe des Schreibens, das Schreiben mit Hilfe des Lesens zu lernen: dies verspricht eine nachhaltigere Einprägung der Laut-Buchstabe-Verbindungen, als wenn die Lehrgänge zunächst getrennt voneinander verlaufen.« (Menzel 1981)

Nach unserer Erfahrung bringt es große Vorteile, wenn das Lesen- und Schreibenlernen an derselben Schrift erfolgen, also nicht etwa der Leselehrgang auf Druckschrift und das Schreibenlernen auf Vereinfachter Ausgangsschrift basieren.

Im Leseunterricht können viele Aufgaben schriftlich gelöst werden. »Handelndes Lernen« wird auch im Leseunterricht ermöglicht, wenn (Fibel-)Texte nicht mehr nur als statische Fertigprodukte, sondern als »geistiges Spielmaterial« angesehen und (schreibend) verändert werden. Mit der Aufgabe sinnerfassenden, kritischen und kreativen Umgangs mit Texten kann dann bereits bei Schulanfang begonnen werden.« (Rabenstein/Schorch 1982, S. 19)

Bartnitzky (1988) stellt fest, daß Texte ein Anregungspotential darstellen, das genutzt werden kann und soll. Demnach können Texte nicht nur zur Illustrierung motivieren, sondern auch zu

- eigener Textproduktion,
- besonders ansprechender schriftlicher Gestaltung,
- handelndem Umgang mit Textaussagen, Textstrukturen und sprachlichen Mitteln,
- Erweiterung des eigenen schriftlichen Repertoires und
- anderweitiger Schriftsprachverwendung.

Bei der praktischen Arbeit mit Kindern stellt sich rasch heraus, daß diese von sich aus die *Verknüpfung von Lesen und Schreiben* ganz selbstverständlich vornehmen (so man sie läßt!).

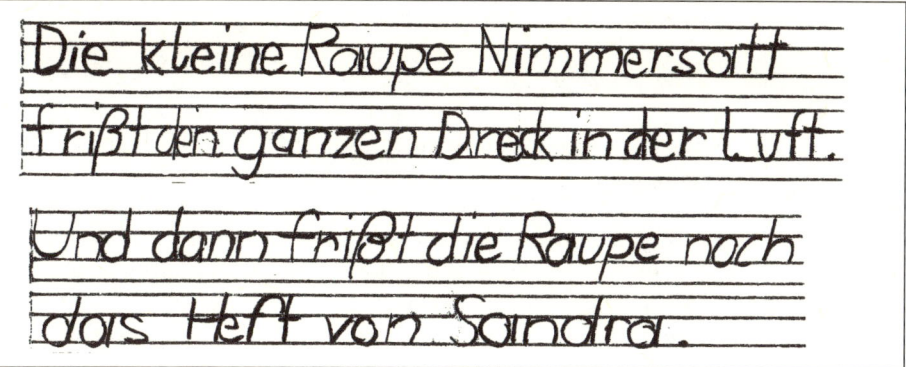

Die kleine Raupe Nimmersatt
frißt den ganzen Dreck in der Luft.
Und dann frißt die Raupe noch
das Heft von Sandra.

Kinder haben das Bedürfnis,

– Erlebtes und Erdachtes schriftlich darzustellen und aufzuschreiben und es dann (oft) auch vorzulesen oder lesen zu lassen
– Texte zu lesen und anschließend damit produktiv umzugehen
– mit Schrift spielerisch umzugehen und die Ergebnisse anderen zu zeigen
– Wünsche aufzuschreiben und schriftlich fixierte Wünsche anderer aufzunehmen
– Gedanken zu notieren und die Notizen anderer einzusehen
– mit Schriftsprache kreativ umzugehen und die Texte anderer zu verändern
– eigene und fremde Texte zu lesen, mit Vorlagen zu vergleichen und Abweichungen zu korrigieren
– usw.

2. Bedeutung zweisprachiger Alphabetisierung

2.1 Sprachliche Voraussetzungen

Mit Beginn der Schulzeit erfolgt für die Schüler also der Übergang von der gesprochenen zur geschriebenen Sprache.

Die mit sechs Jahren noch nicht auf allen Ebenen voll entwickelte Muttersprache wird durch den Schriftspracherwerb um eine wesentliche Dimension erweitert.

Das Lesen- und Schreibenlernen in der Schule bedeutet grundsätzlich für jedes Kind einen ungeheuren Sprung in seiner sprachlichen Entwicklung.

Für Kinder nichtdeutscher Herkunft stellen sich die Probleme in ganz besonderer Weise:

Alphabetisiert man sie nun ausschließlich in deutsch, so können sie nicht an ihre muttersprachlichen Erfahrungen und damit an ihre bisherigen kognitiven Entwicklungsstand anknüpfen.

Alphabetisiert man sie aber ausschließlich in der Muttersprache, so versäumen sie den Anschluß an die Zweitsprache.

Untersuchungen zum Erst- und Zweitspracherwerb, wie etwa die von Nehr u.a. (1988) sowie die von Toukomaa und Skutnabb-Kangas bereits aus dem Jahre 1976, zeigen, daß Kinder nichtdeutscher Herkunft häufig Schwierigkeiten beim Lesen- und Schreibenlernen haben. So geht eine einsprachig deutsche Alphabetisierung nicht nur auf Kosten der Muttersprache dieser Kinder und deren kognitiver Entwicklung, sondern auch zu Lasten der Zweitsprache.

Im folgenden werden die drei gängigsten Alphabetisierungsmodelle vorgestellt.

2.2 Alphabetisierung in der Muttersprache

Dieses seit etwa 15 Jahren in Bayern praktizierte Modell stützt sich auf die Schwellenniveauhypothese von Cummins (1976, S. 78). Man geht davon aus, daß mit der Zweitsprache erst dann begonnen werden soll, wenn die noch instabile Muttersprache eine bestimmte Schwelle der Sprachkompetenz erreicht hat. Bei einem verfrühten Einsatz der Zweitsprache befürchtet Cummins negative Auswirkungen auf die kognitive Entwicklung der Kinder.

Die stark vereinfachte These und ihre Übertragung hatte in einigen Bundesländern weitreichende bildungspolitische Konsequenzen.

In den zweisprachigen nationalhomogenen Klassen, die in Bayern in den letzten Jahren für ausländische Schülerinnen und Schüler die Alternative zur Regelklasse darstellen, wird in der Muttersprache alphabetisiert.

Der Anteil des Unterrichts in deutscher Sprache nimmt von der 1. zur 9. Jahrgangsstufe kontinuierlich zu, während der Unterricht in der Muttersprache, der in der Grundschule noch eindeutig dominiert, Schritt für Schritt reduziert wird.

Als Resultat zeigt sich nach vier Grundschuljahren, daß die Kinder in der Zweitsprache Deutsch immer noch Defizite, vor allem in den Bereichen Rechtschreibung, Wortschatz, Satzbau und Aussprache, aufweisen. Die Folge ist häufig ein »Touristendeutsch«.

Dies ist vor allem auf die Tatsache zurückzuführen, daß in den zweisprachigen Klassen einerseits keine Kontakte zu deutschen Kindern und Jugendlichen möglich sind und solche sich andererseits auch im Freizeitbereich oft nicht ergeben, so daß sich die Kommunikationsfähigkeit in der Zweitsprache Deutsch nicht genügend weiterentwickeln kann.

2.3 Alphabetisierung in der Zweitsprache

Wenn erwartet werden kann, daß das ausländische Kind dem Unterricht in der Regelklasse folgen kann, wird es dort eingeschult und dann natürlich auch im Klassenverband alphabetisiert, ohne daß es im Vormittagsunterricht mit seiner Muttersprache in Berührung kommt.

Das Lesen- und Schreibenlernen erfolgt ausschließlich im Deutschen, ohne daß sichergestellt ist, daß das Kind den Unterrichtsinhalten sprachlich folgen kann. Weder auf phonologischer noch auf morphologischer und schon gar nicht auf lexikalischer und syntaktischer Ebene ist daran gedacht, die Muttersprache der Kinder angemessen zu berücksichtigen.

Auf der einen Seite wird der Schüler also nie die Besonderheiten seiner eigenen Sprache kennenlernen, auf der anderen Seite werden ihm die Unterschiede und Ähnlichkeiten zwischen Muttersprache und Zweitsprache nicht bewußtgemacht.

Die Folgen sind absehbar: Die Muttersprache wird weder begrifflich erweitert noch kognitiv durchdrungen, das Deutsche meist nur unzureichend beherrscht.

2.4 Zweisprachige Alphabetisierung in Regelklassen

Bei beiden Beschulungsmodellen werden oft funktionale Analphabeten produziert, also Kinder, die in beiden Sprachen erhebliche Defizite aufweisen.

Das Scheitern der oben beschriebenen Modelle hat zu einer Suche nach Alternativen geführt:

Neueren Untersuchungen zum Zweitspracherwerb (vgl. dazu Biehl 1986; Kuhs 1989) zufolge sind Defizite in der Zweitsprache auf ein komplexes Ursachengeflecht zurückzuführen. Vorrangig verantwortlich aber ist das Fehlen einer systematischen, integrativen und koordinierten Förderung der Muttersprache im Regelklassenunterricht.

Es existieren sehr viele unterschiedliche Modelle zur Alphabetisierung. Wir stellen im folgenden drei Modelle zur Alphabetisierung vor, die zweisprachige Erziehung und Interkulturelles Lernen als ihre Schwerpunkte verstehen.

Die nachfolgende Übersicht stellt die Modelle Berlin, Wien und Nürnberg in ihren wesentlichen Merkmalen vor.

3. Alphabetisierungskonzepte im Überblick

3.1 Wien, Kindermanngasse

I. Zielsetzung der Modellversuche

Interkulturelles Lernen als Unterrichtsprinzip
Erhöhung der Ausbildungs- und Berufschancen, wobei die Beibehaltung und Förderung der Muttersprache ein wesentliches Element der Modellversuche ist

Laufzeit
2 Jahre Vorlauf, seit 1989 offiziell Schulversuch, ab Schuljahr 1992/93 Übernahme ins Regelschulwesen

Anzahl der beteiligten Klassen
20 Schulen in Wien mit hohem Anteil türkischer und/oder serbischer/kroatischer Kinder

II. Soziokulturelle Bedingungen

Klassenbildung
Gemischt, 10 deutschsprachige, 13 türkische Kinder; Prinzip jetzt aber durch den Aufenthalt serbischer und kroatischer Kinder aufgeweicht

Lehrereinsatz
1 deutschsprachiger Lehrer
1 Begleitlehrer (bis 9 Wochenstunden)
1 muttersprachlicher Zusatzlehrer für Türkisch/Serbisch/Kroatisch
Prinzip des Teamteachings

Weiterbildungsmaßnahmen
14tägiges Fortbildungsseminar für alle im Team zusammenarbeitenden Lehrer:

– Unterrichtsmaterialien
– Unterrichtsvorbereitung
– Problembesprechung

Sprachliche Voraussetzungen der Kinder bei Schuleintritt
Sehr unterschiedliche Voraussetzungen der Kinder; teilweise kaum Deutschkenntnisse vorhanden

III. Erstlesen – Erstschreiben

Unterrichtssprache
Für alle Kinder primär Deutsch, jedoch muttersprachliche Hilfen in allen Bereichen
durch muttersprachlichen Zusatzlehrer, Eltern oder ältere Schüler

Flankierende Maßnahmen
Für am Projekt beteiligte Klassen vermehrt Einsatz muttersprachlicher Lehrkräfte
(3 Stunden pro Woche); wegen Mitarbeit aller Lehrer (Begleitunterricht) im Klassenverband keine weitere Zusatzeinrichtungen

Lesen- und Schreibenlernen in welcher Sprache?
In der jeweiligen Muttersprache;
Buchstabenkanon folgt fast einheitlich dem deutschen Leselehrgang;
Heranziehung erarbeiteter Buchstaben zum Lesen vereinfachter deutscher Texte

Didaktisch-methodisches Konzept des Lese- und Schreiberwerbs

Synthetischer Ansatz

– Verstärkter Einsatz von Namen in Lesetexten aller 3 Sprachen; Verwendung türkischer und serbischer/kroatischer Namen auch in deutschen Texten
– Keine parallele Erarbeitung von Lauten mit verschiedener Notierung; Einführung
  nur im deutschen Leseunterricht, Hinweis auf unterschiedliche Notierung erfolgt
  später
– Vorziehen von Buchstaben, die für die türkische bzw. serbische/kroatische Sprache
  wichtig sind (z.B. i, y in Türkisch; j in Kroatisch)
  Ausnahme sch-s-s: Häufigkeit des Lautes in allen drei Sprachen erfordert von Anfang an die Bewußtmachung der unterschiedlichen Schreibweise

Material

– Fibel »Mimi die Lesemaus«
– Türkische Bücher der Verlage Anadolu und Önel
– Erstellung eigenen Materials für Serbisch/Kroatisch
– Arbeitsblätter aus Berlin-Kreuzberg
– Umarbeitung der verwendeten Bücher und Materialien im Hinblick auf Paralleli-
  sierung der Buchstabenfolge in allen 3 Sprachen

Unterrichtsformen, Arbeits- und Sozialformen
Offener Unterricht, kleine Lerngruppen, Binnendifferenzierung, Partnerarbeit, Gruppenarbeit, altersheterogene, klassenübergreifende Betreuung.

Wissenschaftliche Begleitung, Evaluation
Dr. Gero Fischer
Wien, Grundschule Kindermanngasse

3.2 Berlin, Kreuzberg

I.   Zielsetzung der Modellversuche

Interkulturelles Lernen als Unterrichtsprinzip
Erhöhung der Ausbildungs- und Berufschancen, wobei die Beibehaltung und Förderung der Muttersprache ein wesentliches Element der Modellversuche ist

Laufzeit
1983–1986 Modellversuch in Zusammenarbeit mit der Freien Universität, Berlin; fortgesetzt in Kreuzberg bis 1988, seitdem offizieller Schulversuch in 14 Schulen mit 70 Klassen in 5 Bezirken

Anzahl der beteiligten Klassen
14 Schulen mit 70 Klassen der Klassenstufen 1–4

Soziokulturelle Bedingungen

Klassenbildung
30 Ausländerregelklassen (türkische Schüler in ausländischen Regelklassen und 40 deutsch-türkische Regelklassen (50 % deutsche Kinder)

Lehrereinsatz
Türkische und deutsche Kollegen und Kolleginnen arbeiten gleichberechtigt nebeneinander; 7 Stunden gemeinsamer Unterricht pro Woche und 5 Stunden zusätzlich Türkisch für türkische Schüler pro Woche

Weiterbildungsmaßnahmen
Regelmäßige gemeinsame Weiterbildung deutscher und türkischer Lehrkräfte

Sprachliche Voraussetzungen der Kinder bei Schuleintritt
Sehr unterschiedliche Voraussetzungen der Kinder; teilweise kaum Deutschkenntnisse vorhanden

III. Erstlesen – Erstschreiben

Unterrichtssprache
Deutsch und Türkisch gleichberechtigt

Flankierende Maßnahmen
$^1/_2$ türkische Lehrerstelle zusätzlich; Förderstunden nach dem »Bandbreitenmodell«, dabei bis zu 5 Stunden zusätzlich in Türkisch

Lesen- und Schreibenlernen in welcher Sprache?
Koordiniert deutsch-türkisch, von Anfang an gleichzeitig

Didaktisch-methodisches Konzept des Lese- und Schreiberwerbs
Analytisch-synthetische Leselernmethode, von Schlüsselwörtern des alltäglichen Umfeldes der Kinder ausgehend (situativer Ansatz); »Reißverschlußprinzip«: zuerst gleichlautende Buchstaben des deutschen und türkischen Alphabets
Ausgangspunkt: ein Rahmenthema als Projektinhalt
Keine Parallelisierung der Sprachlerninhalte, keine direkte Übersetzung, systematische Progression, Behandlung der Interferenzbuchstaben im kontrastiven Verfahren

Material
Kreuzberger zweisprachige Fibel, Arbeitshefte für deutsche und türkische Kinder, Lehrerhandbuch; Erstellung von koordinierten, zweisprachigen Materialien für die 3. und 4. Klasse; »Birlikte öğrenelim – Voneinander lernen«, Lehrerhandbuch bei System-Druck GmbH, Berlin 1993

Unterrichtsformen, Arbeits- und Sozialformen
Verbindung von systematischer, zweisprachiger Erziehung und offenem Lernen; offener Unterricht, Individualisierung, Partnerarbeit, Gruppenarbeit

Wissenschaftliche Begleitung, Evaluation
Dr. Monika Nehr (Leitung)
Dr. Edeltraut Karejole
Gülsen Dusmaz (M.A.)
Andreas Heintze (Lehrer)

3.3 »Nürnberger-Schulversuch« »Integration ausländischer Schüler in Regelklassen«

I. Zielsetzung des Schulversuchs

Interkulturelles Lernen als Unterrichtsprinzip
Erhöhung der Ausbildungs- und Berufschancen, wobei die Beibehaltung und Förderung der Muttersprache ein wesentliches Element der Modellversuche ist

Laufzeit
1 Jahr Verlauf an einer Nürnberger Grundschule, seit September 1990 offizieller Schulversuch; Beendigung des Schulversuchs: September 1994

Anzahl der beteiligten Klassen
42 Klassen

Soziokulturelle Bedingungen

Klassenbildung
gemischte Regelklassen, maximal 33 % ausländische Schüler, Schülerhöchstzahl: 27 Schüler

Lehrereinsatz
Mitarbeit von Lehrkräften im Schulversuch: Zuweisung durch Schulämter, freiwilliger Einstieg; Teamteaching; 1–3 Wochenstunden gemeinsamer Heimat- und Sachkundeunterricht von einer deutschen und einer türkischen Lehrkraft; Einsatz der türkischen Lehrkräfte in Wochenstunden:
   3 Fächer: Muttersprache (2–3 Stunden), Religion (1–3 Stunden), Heimat- und Sachkunde (1–3 Stunden)

Weiterbildungsmaßnahmen
Nur für türkische Lehrkräfte auf Schulamts- und Landesebene; Fortbildungsangebote an der Erziehungswissenschaftlichen Fakultät der Universität Erlangen-Nürnberg: »Didaktik des Deutschen als Zweitsprache«; Angebote auf städtischer und kommunaler Ebene

Sprachliche Voraussetzungen der Kinder bei Schuleintritt
Entwicklung der Auswahlverfahren: zunächst Einschulung von Kindern mit guten Deutschkenntnissen und Kindergartenbesuch; ab dem 2. Jahr auch Aufnahme von Kindern mit geringen Deutschkenntnissen (aus pädagogischen Gründen)

III. Erstlesen – Erstschreiben

Unterrichtssprache
Unterrichtssprache vorwiegend Deutsch; in Teamstunden bilingual, im muttersprachlichen Unterricht die entsprechende Muttersprache

Flankierende Maßnahmen
Staatlicher Beitrag: »Förderunterricht für ausländische Schüler«, kommunaler Bei-
trag: Hausaufgabenbetreuung und Mittelzuweisung als freiwillige Leistung an einigen
Schulen des Schulversuchs

Lesen- und Schreibenlernen in welcher Sprache?
»Flexibel nachgeschobene Alphabetisierung«: Einführung deutscher Buchstaben,
Nachschieben türkischer Buchstaben in einer zeitlichen Distanz von einem Tag bis zu
drei Monaten

Didaktisch-methodisches Konzept des Lese- und Schreiberwerbs
Analytisch-synthetischer Ansatz (mit psycho- und soziolinguistischer Begründung);
handlungsorientiertes Konzept unter Einbeziehung sprachlicher Reflexion: Ausgangspunkt: Begriffe der kindlichen Umwelt, flexibler Fibeleinsatz mit unterschiedlichen
Fibeln; Beginn mit gleichlautenden Buchstaben des deutschen und türkischen Alphabets; danach »Interferenzbuchstaben«; Vorziehen der für die türkische Sprache wichtigen Buchstaben vor der Einführung der entsprechenden deutschen Buchstaben (z.B.
y, z, ü, ö); kontrastive Verfahren und systematische Bewußtmachung erst nach Einführung und Festigung in beiden Sprachen

Material
Auf dem Markt befindliche Fibeln, auch Einbeziehung des Berliner Materials, türkische Lehrbücher; Einbeziehung authentischer Texte von Schülern und Lehrern

Unterrichtsformen, Arbeits- und Sozialformen
Meist Klassenverband, jedoch auch hier offene Unterrichtsformen; Differenzierung
und Kleingruppen nur während des muttersprachlichen Unterrichts; Projektarbeit
und handlungsorientierter Unterricht

Wissenschaftliche Begleitung, Evaluation
Prof. Dr. Gabriele Pommerin, Universität Erlangen-Nürnberg
Pädagogische Beratung: Petra Hölscher, Institut für Schulpädagogik und Bildungsfor-
schung, München

4. Was bedeutet »flexibel nachgeschobene Alphabetisierung«?

Bei den Klassen des »Nürnberger Schulversuchs« handelt es sich durchweg um gemischte Regelklassen mit einem Anteil zwischen 30 % und 50 % von Kindern nichtdeutscher Herkunft. Der gesamte Unterricht und daher auch das Erstlesen und Erstschreiben basieren infolgedessen auf den geltenden bayerischen Lehrplänen für die Grundschule (vgl. dazu Mahler/Selzle, Lehrplan 1982).

Bei unseren Überlegungen für den Anfangsunterricht galt es, zwei grundlegende Bedingungen miteinander in Einklang zu bringen:

Einerseits die Verpflichtung gegenüber dem geltenden Lehrplan, andererseits eine größtmögliche Berücksichtigung der individuellen Sprachlernvoraussetzungen aller Kinder. Mit Hilfe der *»flexibel nachgeschobenen Alphabetisierung«* konnten wir die Situation der Mehrsprachigkeit in unseren Klassen von Anfang an besser nutzen.

Gleichzeitig konnten wir auch die hinlänglich bekannten Defizite auffangen, die durch assimilierende oder separierende Unterrichtskonzepte entstehen.

Was verstehen wir unter der »flexibel nachgeschobenen Alphabetisierung«?
Welche Fragen und Probleme haben sich dabei ergeben?
Welche Erfahrungen haben wir dabei gemacht?
Welche Lösungsansätze haben wir gefunden?

Nach Vergleich des deutschen und türkischen Alphabets stellten wir fest, daß zwar die meisten Buchstaben identisch sind, es aber trotzdem Buchstaben im Türkischen gibt, die in der deutschen Sprache nicht existieren:

Identische Buchstaben:

a, b, d, e, f, g, h, i, k, l, m, n, o, ö, p, r, s, t, u, ü

Buchstaben, die nur im Türkischen existieren:

c	(tsch wie in Tschechien)
ı	(ohne Punkt! Wie e in Garten)
ş	(wie in Schule)
ğ	(kaum hörbarer Gaumenlaut, bewirkt meist die Verlängerung des vorausgegangenen Wortes, nie am Anfang eines Wortes; z. B. dag – Berg)
İ	(wie in Ibrahim)

Buchstaben mit anderer Lautierung als im Deutschen:

c	(wie in Dschungel, cam – Glasscheibe)
j	(wie in Journal, jilet – Rasierklinge)
y	(wie in Juli, yaz – Sommer)
z	(wie in Rose, zor – schwer)
h	(am Silben- oder Wortende »ch« wie in ich)

Buchstaben, die im Türkischen nicht vorkommen:

ä, ß, qu, w, x

Besondere Aufmerksamkeit gilt auch den Buchstabenfolgen (Diphthongen) im

Türkischen	und im	Deutschen
– ay –		– ai –
– ey –		– ei –
– oy –		– au –
		– äu –
		– eu –

Probleme für türkische Kinder, die Deutsch lesen und schreiben lernen, entstehen vor allem dadurch, daß die Phonem-Graphem-Zuordnung im Deutschen weniger eindeutig ist als in der lauttreuen türkischen Sprache.

Beispiele für falsche Übertragungen aus dem Türkischen ins Deutsche:

sule   (Schule)

ayma   (Eimer)

ruce   (Rutsche)

Beispiele für falsche Übertragungen aus dem Deutschen ins Türkische:

kaschik   (kasik – Löffel)

seytin   (zeytin – Olive)

birr   (bir – eins)

Diese Kontraste führen im Unterricht zu typischen Interferenzen beim Lesen und Schreiben. Deshalb entschlossen wir uns zu folgender Vorgehensweise:
    Begonnen wurde mit den *identischen Buchstaben* beider Alphabete
– entweder innerhalb des gemeinsamen Deutschunterrichts (gleichzeitig) oder
– mit geringer zeitlicher Versetzung in beiden Sprachen (flexibel nachgeschoben).

Die »Interferenzbuchstaben« verteilten wir auf den gesamten Leselehrgang. In kontrastiven Verfahren wurden die unterschiedliche Lautierung und Schreibweise bewußtgemacht und eingeübt, und zwar mit einer zeitlichen Verschiebung (max. 3 Monate) in beiden Sprachen, um zu gewährleisten, daß der einzelne Buchstabe in der jeweiligen Sprache zuverlässig gesichert ist. Es liegen aber durchaus andere Erfahrungen im Rahmen der verschiedenen Schulversuche vor, die bei *gleichzeitiger* Einführung der »Interferenzbuchstaben« und ihrer kontrastiven Behandlung ebenfalls gute Erfolge feststellten. Die türkische Lehrkraft wählte beispielsweise einen flexiblen Umgang mit der Buchstabenfolge, da einige Laute, die im deutschen Leselehrgang am Ende angesiedelt sind, schon sehr bald für die türkische Sprache relevant werden (z.B. das y, ohne das keine Präsensbildung möglich ist, geliyorum – ich komme).

Die verschiedenen Möglichkeiten der Einführung eines Buchstabens, die wir im Sprachunterricht erprobt haben, stellen wir in folgender Übersicht dar:

1. Im Teamteaching innerhalb des Klassenunterrichts
2. Im Teamteaching mit Differenzierung nach Nationalitätengruppen
3. Ohne Differenzierung, ausschließlich durch eine Lehrkraft mit anschließenden Übungsphasen:
   - optische Identifikation/Lokalisierung (möglich im Team oder allein, mit einsprachigen oder bilingualen Materialien)
   - akustische Identifikation/Lokalisierung (eher geeignet in nationalen Lerngruppen, vor allem, wenn es um Benennung konkreter Gegenstände geht) (Reihenfolge der einzelnen Übungsphasen austauschbar)

Ein grundsätzliches Problem stellte und stellt weiterhin das Materialangebot dar. Zweisprachige Lehrmittel existieren kaum. Die in den Fibeln vorgegebene Reihenfolge der Buchstaben eignet sich nicht zur Bildung sinnvoller türkischer Wörter.

So muß der Lehrer den Mut aufbringen, sich von den vorhandenen Materialien zu lösen, um der besonderen Klassensituation besser gerecht zu werden. So können beispielsweise mehrere Fibeln verwendet werden und eine Vielzahl eigener Texte erstellt werden, die auf den individuellen Leistungsstand der Kinder zugeschnitten sind.

Ein weiteres Problem ist der Zeitfaktor. Viele Lehrkräfte bekommen ein schlechtes Gewissen, wenn die Kinder nach einer vorgegebenen Zeit nicht lesen und schreiben können. Dieser Druck wird oft noch durch Kollegen und Eltern verstärkt.

Tatsächlich läßt der Lehrplan hier einen großen Freiraum. *»Die Schüler sollen bis zur Mitte der zweiten Jahrgangsstufe einfache Texte unter Verwendung verbindlicher Richtformen der Druck- und Schreibschrift gut lesbar und zusammenhängend schreiben können.«* (Mahler/Selzle, Lehrplan 1982, S. 2) *»Am Ende der ersten Jahrgangsstufe sollen die Schüler einen inhaltlich und sprachlich altersangemessenen Text in Druckschrift sinnerfassend lesen können.«* (Ebenda, S. 2)

Der Lehrer ist also keineswegs dazu genötigt, bis Weihnachten oder Ostern den Lese- und Schreiblehrgang »durchzupeitschen«. Er sollte den individuellen Rhythmus seiner Schüler berücksichtigen. Eine Verlängerung des Alphabetisierungsprozesses kommt nämlich nicht nur den ausländischen Schülern zugute, sondern allen Kindern.

D Kreatives Schreiben im interkulturellen Sprachunterricht – Erfahrungen und Vorschläge

Schreibe ich in einer
fremden Sprache,
tanzen die Wörter
in meinem Kopf.

(Brasilianisches Mädchen; 15 Jahre; 3 Jahre Unterricht in »Deutsch als Fremdsprache; Rio de Janeiro, Oktober 1993)

1. Kreativität – Annäherung an einen Begriff

1.1 Was verstehen wir unter Kreativität?

- Etymologisch läßt sich der Begriff »Kreativität« von den lateinischen Wörtern »creator« (= Schöpfer) und »creatura« (= Schöpfung) ableiten. Nach unserem heutigen Verständnis besteht ein engerer Zusammenhang allerdings mit dem amerikanischen Begriff »creativity«, womit die Fähigkeit, Neues zu schaffen, gemeint ist.
- Im Fremdwörterbuch des DUDEN wird die Kreativität als
  »1. das Schöpferische; Schöpferkraft.
  2. Teil der Kompetenz eines Sprachteilhabers, neue, nie zuvor gehörte Sätze zu bilden und zu verstehen« (DUDEN 1990, 5. Aufl., S. 405) erklärt.
- Unter Kreativität versteht man auch die »allgemeine Bezeichnung für die Fähigkeit zur Hervorbringung neuer und origineller Problemlösungen« (Lexikon der Soziologie 1973, S. 337).
- Eine weitere Definition lautet:
  »Kreativität akzentuiert jenen Aspekt menschlicher, materieller und ideeller Tätigkeit, indem sie aufgrund erweiterter Erkenntnisse über Natur und/oder gesellschaftliche Gesetzmäßigkeiten – zu Veränderungen (das heißt zu neuen materiellen

49

und ideellen Produkten in Wirtschaft, Technik, Politik, Kultur) führt, die den (bewußten oder noch nicht bewußten) menschlichen Bedürfnissen adäquater sind« (Lexikon paed extra, S. 211 f.).

Die wenigen Beispiele zeigen, daß der Begriff Kreativität nicht eindeutig definiert wird, sondern daß es verschiedene Sichtweisen und Akzentuierungen gibt.

1.2 Merkmale von Kreativität

Kreativität ist ein Persönlichkeitsmerkmal, für das bei allen Menschen die Disposition vorliegt und das folglich bei jedem Menschen gefördert werden kann. Rico (1984) geht davon aus, daß grundsätzlich jeder Mensch über ein *kreatives (Sprach-)Potential* verfügt. Kreativität ist nach Pommerin (1986) durch folgende Merkmale gekennzeichnet:

- *Originalität*
  Dieses Kriterium bedeutet u.a. etwas Neues schaffen, entweder etwas nie Dagewesenes oder etwas vom Üblichen Abweichendes.
- *Inventiveness* (Erfindungsgabe) und *Discovery* (Entdeckungsgabe) – bei ersterem wird etwas vorher noch nie Dagewesenes erdacht (z.B. erfand Franklin den Blitzableiter ...), beim zweiten wird etwas Unbekanntes, das aber schon immer dagewesen war, gefunden (Columbus entdeckte Amerika ...).
- *Offenheit*
  bezeichnet eine offene aufnehmende Haltung des Individuums der Umwelt gegenüber.
- *Produktivität und Gedankenflüssigkeit*
  beziehen sich hauptsächlich auf den quantitativen Aspekt kreativen Verhaltens (produktives Denken wird gleichgesetzt mit kreativem Denken), z. B. Einfälle zu einem Reizwort/Thema.
- *Flexibilität*
  bezeichnet die Fähigkeit, gedanklich umstrukturieren zu können, sich in neuen Situationen auf neue Weisen verhalten zu können (Ulmann 1970). Nach Guilford sind schöpferische Prozesse immer auch auf Wissen, Fähigkeiten und Fertigkeiten angewiesen. Kreativität entsteht also nicht aus dem Nichts, sondern wird erst durch den bereits erworbenen Wissens- und Erfahrungsvorrat eines Menschen ermöglicht (vgl. dazu Ulmann 1970; Guilford 1970).

1.3 Kreativität und Erziehung

Die Erziehung zur Kreativität ist nicht an ein einzelnes Fach gebunden, sondern ein allgemeines Erziehungsziel. Es sollte als durchgängiges Unterrichtsprinzip in allen Fächern verwirklicht werden.
  In der Erziehungswissenschaft geht man dabei von den Prämissen aus, daß

- *Individualität* und nicht Konformismus anzustreben ist,
- Freude am *Prozeß* und nicht an der Leistung Vorrang hat,

- *Fragen gesucht* und nicht Antworten gegeben werden sollen,
- *Zukunfts-* und nicht Vergangenheitsorientierung ermöglicht werden soll und
- das *Spielerische* und nicht rigide Arbeitsmethodik gefördert werden soll.

1.4 Kreativität und Sprachunterricht

Die *kognitiven* und die *behavioristischen Lerntheorien* haben bis etwa Ende der 60er Jahre zu einer Polarisierung der Diskussion innerhalb der Sprachdidaktik (und hierbei hauptsächlich der Fremdsprachendidaktik) geführt.

Auf den behavioristischen Theorien basierte die *audiolinguale oder audiovisuelle Methode,* die davon ausging, daß Sprache aus einer begrenzten Menge von Satzmustern besteht, die imitativ wiederholt und eingeübt werden können. Entsprechend wurde auch kein Regellernen durchgeführt, sondern Sprache audiovisuell oder audiolingual in Situationen eingebettet, wobei die *Authentizität der Sprachvorbilder* sehr wichtig war. Wichtigstes Element solcher Übungen war der »pattern drill«, eine Strukturmusterübung, bei der verschiedene Teilstrukturen eines Satzes vorgegeben waren, die in einen Beispielsatz eingesetzt werden mußten. Da Fehler aus der Sicht des Behaviorismus zu vermeidende »habits« waren, wurden durch solche »patterns«, bei denen man aufgrund der richtigen Strukturvorgaben keine Fehler machen konnte, Fehler vermieden.

Beispiel für eine Strukturmusterübung:		
Beispielsatz	Ich habe heute	meinen Freund gesehen.
Einzusetzende Teilstruktur		viel gegessen.
Neuer Satz	Ich habe heute	viel gegessen.

Ziel war die Entwicklung der Sprachkompetenz durch Nachahmung und Einüben der vorgegebenen Strukturen mit Hilfe von *Analogiebildung.* Der Unterricht verlief strikt einsprachig, um eine klare Trennung der Mutter- und der Fremdsprache zu gewährleisten.

Die *kognitiven* Lerntheorien waren die Grundlage der *Methode der kognitiven Strukturierung,* die davon ausging, daß Sprachenlernen dann leichter ist, wenn es *bewußt* geschieht und verstanden wird. Metasprachliche Elemente wie Erklärungen, Regeln, Übersetzungen oder Umformungsübungen nahmen deshalb bei dieser Methode einen breiten Raum ein. Sprachliches Handeln galt als *kreative geistige Tätigkeit,* Spracherwerb wurde nie als reines Imitationslernen verstanden, sondern das kreative Potential stets, unter Bezug auf den natürlichen Mutterspracherwerb des Kindes, als sehr wichtig hervorgehoben: Aus der begrenzten Menge des Inputs bildet das Kind Äußerungen in kreativer Weise, die es vorher noch nie gehört hat, also auch nicht hat nachahmen können.

Diese Merkmale manifestieren sich *sprachlich* in folgender Weise:

Das *Originale* betrifft die Einmaligkeit der Persönlichkeit des Lerners, in interkulturellen Sprachlernkonzepten beispielsweise die individuelle Bilingualität oder die Unverwechselbarkeit seiner momentanen sprachlichen Möglichkeiten, wobei, insgesamt gesehen, die *Originalität* der einzelnen Lerner zu einer *Heterogenität* wird, die es den

Individuen ermöglicht, miteinander ihr kreatives Sprachpotential zu entfalten – *Heterogenität und Kreativität als gegenseitige Lernchance.*

Zur *Erfindungs- und Entdeckungsgabe* gehören der Mut und die Motivation, sprachliche Äußerungen zu erfinden oder (neu) zu entdecken und sie dadurch zu beleben. So kann man Sprache verfremden und Normabweichungen bewußt begehen. Besonders in poetischen Texten wird die *Normabweichung* oft nicht als normwidrig empfunden, sondern als *kreative sprachliche Leistung.*

Die Art der kreativen Abweichung gibt dabei oft Hinweise auf die Welt und Kultur der Lerner. Solche *kreativen interkulturellen Normwidrigkeiten* sind wiederum hervorragende Gelegenheiten, die in der Klasse aufgegriffen werden können, um das gegenseitige Verständnis zu fördern.

Die *Offenheit der Kreativität* zeigt sich in der Toleranz abweichendem sprachlichen Verhalten gegenüber, im Zulassen von anderen Sprachen als der eigentlichen Unterrichtssprache oder im Aufnehmen von Bruchstücken von anderen Sprachen in die Mutter- oder Zweitsprache als nicht störendes, sondern belebendes Element.

Offenheit impliziert darüber hinaus freies Umgehenkönnen und -dürfen mit Sprache und damit beispielsweise spontanes Assoziieren in angstfreiem Klima, was wiederum die Produktivität, die Schaffenskraft der Kreativität und die Gedankenflüssigkeit fördert.

Flexibilität ist in sprachlicher Hinsicht im Spektrum des variablen Einsatzes von Kommunikations- und Lernstrategien und der Möglichkeit, aus unterschiedlichen sprachlichen Strukturen *flexibel* auswählen zu können, anzusiedeln, was natürlich Wissen, (Sprach-)Erfahrung und Können in den genannten sprachlichen Kompetenzbereichen voraussetzt.

Zweisprachige Lerner haben eine besondere Disposition zum kreativen Sprachpotential, da sie im Bereich der *Begriffsbildung* und des *divergenten Denkens* Monolingualen überlegen sind. Sie sollen weiterhin über bessere metasprachliche Kompetenzen verfügen und erkennen deshalb sprachliche Widersprüche rascher als Monolinguale (vgl. Liedtke/Nelson 1968).

Je größer das Spektrum der erworbenen oder gelernten sprachlichen Strukturen, Kommunikations- und Lernstrategien des Lerners ist, um so *flexibler* kann er damit umgehen. Dies bedeutet für interkulturelle Sprachdidaktik, daß beide Elemente des Spracherwerbs, *Kreativität* und *Systematik,* miteinander, nicht nebeneinander, gefördert werden müssen, sich gegenseitig bedingen und deshalb als Einheit, nicht als Gegensatz zueinander zu betrachten sind. Der folgende Abschnitt versucht, Möglichkeiten einer Koordinierung von systematischen und kreativen Phasen im Unterricht aufzuzeigen.

2. Stellenwert des Kreativen Schreibens im Sprachunterricht

Innerhalb des gesamten Spektrums aller Aufgabenfelder des Sprachunterrichts gehört das *Kreative Schreiben* zum Lernbereich »Produktion von Äußerungen und Texten« (»Schriftlicher Sprachgebrauch«). Diese Zuordnungen sind aus Gründen der Orientierung notwendig, sollten aber nicht dazu verführen, das *Kreative Schreiben* als isolierten Teilbereich zu betrachten. Es geht – je nach Schwerpunktsetzung – enge

Beziehungen zum Bereich der »Mündlichen Kommunikation« (mündlicher Sprachgebrauch) sowie zur »Reflexion über Sprache und Sprachgebrauch« (Sprachbetrachtung) ein und ist ebenfalls mit den einzelnen Teilbereichen der »Rezeption von Texten
und Äußerungen« (Literaturunterricht) verbunden.

Im traditionellen Sprachunterricht werden sprachliche Tätigkeitsfelder wie Lesen,
Schreiben, Grammatikreflexion, Orthographie oder Literatur getrennt voneinander
eingeführt, »behandelt« und eingeübt; dies wird sowohl in einer strikten Trennung der
einzelnen Unterrichtsstunden dokumentiert als auch in der isolierten Benotung der
jeweiligen sprachlichen Leistungen.

Stellenwert des Kreativen Schreibens im Sprachunterricht
(Deutsch als Muttersprache/Zweitsprache/Fremdsprache)

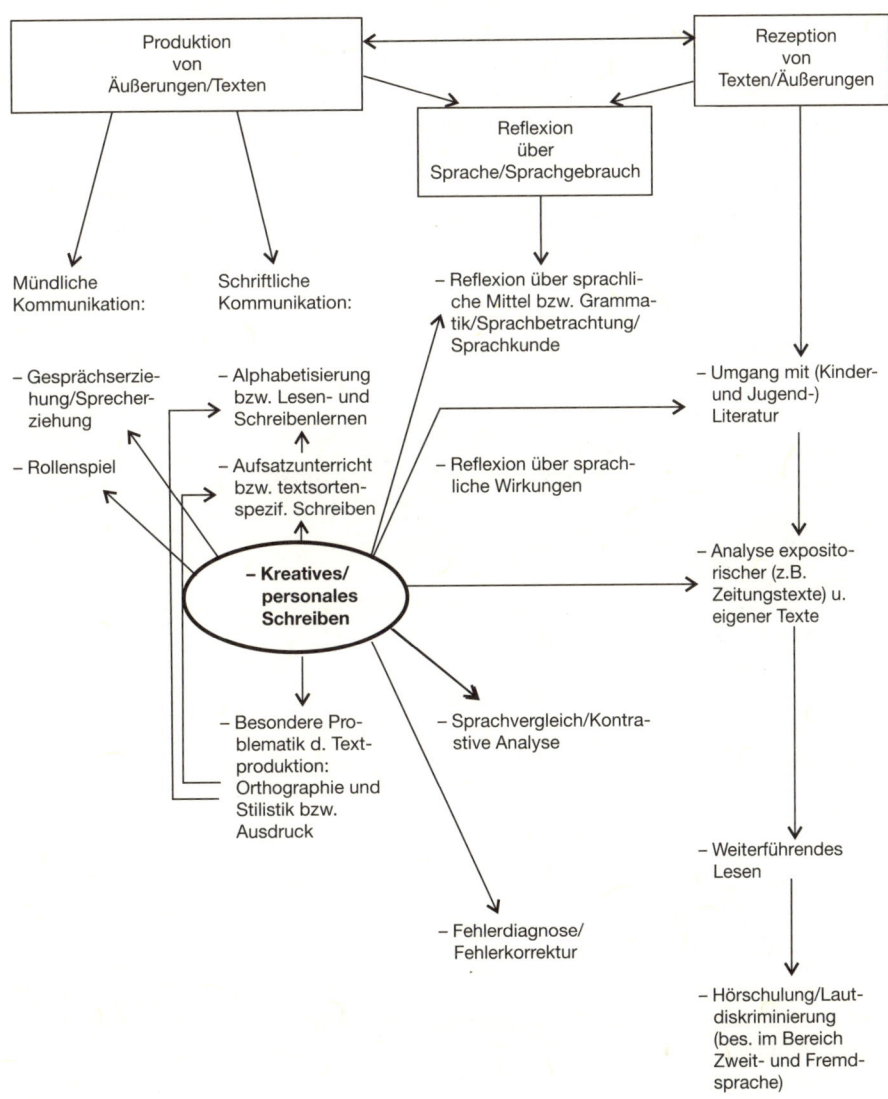

Im Konzept eines handlungsorientierten, erfahrungsbezogenen Sprachunterrichts werden die einzelnen sprachlichen Aktivitäten dagegen wechselseitig aufeinander bezogen; dies betrifft den Unterricht »Deutsch als Muttersprache« sowie »Deutsch als Zweit- oder Fremdsprache«.

So führen gerade authentische Texte, die durch Techniken des kreativen Schreibens entstanden sind, immer auch zu einer Reflexion über sprachliche Mittel (Grammatikreflexion) und sprachliche Wirkungen (Stilistik) und damit notwendigerweise zu einer Fehlerdiagnose und -korrektur.

Und umgekehrt führen Kreisgespräche oder Rollenspiele auch zu einer schriftlichen Fixierung von Ideen und Formulierungen, die wiederum die enge Verzahnung von mündlicher und schriftlicher Kommunikation zeigen.

Beispiele dieser Art ließen sich beliebig ergänzen. Grundsätzlich besteht eine enge wechselseitige Verbindung zwischen den einzelnen Aufgabenfeldern des Sprachunterrichts und den dazugehörigen sprachlichen Aktivitäten.

Das *Kreative Schreiben* ist also ein *integraler Bestandteil* eines handlungsorientierten, erfahrungsbezogenen Sprachunterrichts und hat somit auch seinen Platz innerhalb eines fächerübergreifenden oder fachbezogenen Projekts.

Es ist unser Anliegen, dieses Geflecht der verschiedenen sprachlichen Tätigkeiten – ausgehend vom *Kreativen Schreiben* oder darauf hinauslaufend – in jedem einzelnen Projekt zu verdeutlichen, um auch auf die verschiedenen Funktionen und Möglichkeiten des *Kreativen Schreibens* – auch in der Verbindung von Muttersprache und Zielsprache – aufmerksam zu machen. Die Schemazeichnung über die Aufgabenfelder des Sprachunterrichts soll die Verwobenheit sprachlicher Tätigkeiten – ähnlich einem Spinnennetz – veranschaulichen (s. S. 53):

3. Schreibwerkstatt – Annäherung an einen Begriff

Was heißt Schreibwerkstatt?

- Zeitliche und räumliche Abgrenzung vom »Aufsatzunterricht«: flexible Zeiteinteilung (keine 45-Minuten-Einheiten; kein »Hausaufsatz«);
- Produktion und Verarbeitung authentischer Texte anhand kreativer Verfahren;
- Einbeziehung der Gruppe beim Vorlesen, Befragen und Korrigieren;
- Sichtbarmachen der Texte, an denen gearbeitet wird, sowie der daraus entstandenen Probleme und Erkenntnisse in Form von Wandzeitung, Pinnwand oder Stellwand.

Wie entsteht Werkstattatmosphäre?

- Äußerlich durch die besondere Einrichtung des Klassenzimmers: Stellwand, Materialbereitstellung (Papier, Stifte, Schreibmaschinen, Lexika und Wörterbücher) und Gruppensitzordnung;
- Vermittlung von »Ernstfallcharakter« des Schreibprozesses durch angstfreie, lustbetonte und »profihafte« Atmosphäre;
- keine Zensuren.

– alle, auch schreibunsichere und -unmotivierte Schüler sowie der Lehrer/die Lehrerin, schreiben mit;
– respektvoller Umgang mit der eigenen »Schreibe« des anderen.

Was bedeutet Schreibwerkstatt für die Schüler?

– Sie motiviert, Lebenseinstellungen, Träume, Ängste, Erfahrungen, Gefühle *schriftlich* mitzuteilen; auch (oder gerade *weil*) dabei gesprochen, gestöhnt, gelacht, kritisiert wird;
– sie ermöglicht Schülern unterschiedlicher Muttersprache und unterschiedlicher Schreibfähigkeiten ein besonderes Forum sprachlicher Kommunikation;
– besondere Verfahren im Umgang mit den Texten ermöglichen Schülern und Lehrern/Lehrerinnen das *gemeinsame* Ermessen der jeweiligen individuellen Progression der Schreiber und Schreiberinnen:

– Autoreninterview: Die Gruppe stellt (meist inhaltliche) Fragen an den Autor/die Autorin.
– Leserbriefe*: Die Gruppenmitglieder notieren eine Stellungnahme und übergeben sie dem Autor/der Autorin.
– Lektoren*: Jeder ist zugleich Autor und Lektor. Der Lektor darf Änderungsvorschläge schriftlich abgeben.
– Spezialisten*: Dem Autor stehen »Spezialisten« zur Verfügung hinsichtlich Inhalt, Wortwahl, Grammatik, Rechtschreibung.

* (Vgl. Fritzsche 1989, S. 116 f.)

– Fixierung: Besondere Probleme (hinsichtlich Rechtschreibung, Satzbau etc.) werden an der Stellwand fixiert, um gegebenenfalls auch außerhalb der Werkstatt besprochen zu werden.

Schreibwerkstatt verbindet Kreativität und Normativität

Schreiben – wie und worüber?

»Jeder schreibe über sich selbst,
aus *eigener* Erfahrung und Anschauung.
Aber nur über Dinge, Angelegenheiten,
Fragen, die ihn wirklich beschäftigen,
auch dann beschäftigen, wenn er mit sich allein
ist und an Schreiben gar nicht denkt.«

(Paul Schuster: »Sinnlichkeit und Talent«. Zu einer Hauptbedingung des Schreibens. In: Literaturmagazin 11. Schreiben oder Literatur. Reinbek bei Hamburg 1979, S. 162)

4. Merkmale und Verfahren Kreativen Schreibens

Die Auseinandersetzung mit Konzepten des *Kreativen Schreibens* im interkulturellen Bereich setzt – wie zuvor bereits begründet wurde – voraus, daß es für Kinder und Jugendliche unabhängig von ihrer sprachlichen und sozialen Herkunft von Bedeutung ist, sich in der Sprache in schriftlicher Form *verständlich* und *angemessen* auszudrükken, die in der unmittelbaren Umgebung gesprochen und geschrieben wird.[3]

Die Schreibdidaktik (im Bereich Deutsch als Muttersprache) erfuhr in den 60er Jahren – teilweise an reformpädagogische Ideen anknüpfend – eine gründliche Um-

---

3 Für deutsche Kinder ist das Deutsche *Muttersprache,* Italienisch, Spanisch, Englisch oder etwa Türkisch eine *Partner-, Begegnungs-* oder erste *Fremdsprache.*
Für Kinder nichtdeutscher Herkunft ist das Deutsche *Zweitsprache, zweite Muttersprache,* zumindest aber *Zielsprache,* in den ersten Phasen unmittelbar nach der Einwanderung *Fremdsprache,* während die jeweiligen *Herkunftssprachen* in den meisten Fällen die Funktion der *Muttersprachen* bzw. *Erstsprachen* haben.

orientierung, die sich zunächst auf den Deutschunterricht in der Grundschule auswirkte und in den 70er Jahren den Sprachunterricht in den weiterführenden Schulen maßgeblich beeinflußte.

Aber auch die Fremd- und Zweitsprachendidaktik blieben davon nicht unberührt. Die traditionelle Reihenfolge der sprachlichen Fertigkeiten: Hören – Verstehen – Sprechen – Lesen – Schreiben (die auch heute noch im klassischen Fremdsprachenunterricht als verbindlich verstanden wird) ist teilweise aus pragmatischen Gründen, teilweise weil neuere Erkenntnisse aus der Schreibforschung vorlagen, auf den Kopf gestellt worden. Erinnert sei an dieser Stelle vor allem an die »méthode naturelle« von Célestin Freinet oder an die »Alphabetisierungsmethode« der brasilianischen Landbevölkerung durch Paulo Freire.

Mit dem *Kreativen Schreiben* ist kein neuer, isolierter Aufgabenbereich oder gar ein neues Fach geschaffen worden.

Das *Kreative Schreiben ist* auch keine neuartige Methode, die ab und zu im Sprachunterricht eingesetzt wird, um den »normalen« Unterricht »aufzulockern« oder um die besonderen Schwierigkeiten, die das Schreiben(lernen) mit sich bringt, zu versüßen oder darüber hinwegzutäuschen.

Beim *Kreativen Schreiben* geht es auch nicht allein darum, Gefühle und Bilder der Innenwelt eines Ichs durch Verschriftlichung nach außen zu bringen, wie beim *personalen Schreiben*.

Gleichwohl wird auch hier das Schreiben als »eine Suchbewegung auf dem Wege zur eigenen Identität verstanden« (Spinner 1993).

Zu warnen ist ebenfalls von einer Gleichsetzung des *Kreativen Schreibens* mit dem *Schreiben als Therapie,* in der es vor allem um die Bewußtmachung und Verarbeitung verdrängter Bedürfnisse, Ängste und Triebstrukturen geht. Gleichwohl haben einige Methoden und Verfahren der Tiefen- und Gestaltpsychologie Eingang in die Konzeptentwicklung des *Kreativen Schreibens* in der Schule gefunden: Dies sind vor allem assoziative und meditative Verfahren, die weiter unten vorgestellt werden.

Das *Kreative Schreiben* ist auch nicht identisch mit dem sogenannten *freien Aufsatz,* wie wir ihn aus der Reformpädagogik kennen. »Im Gegensatz zum freien Schreiben, bei dem man sozusagen darauf vertraut, daß schon etwas da ist, über das man schreiben möchte, wird beim *Kreativen Schreiben* dazu hingeführt. Im Schreiben soll nicht einfach etwas abgebildet werden (also auch nicht ein vorhandenes Gefühl wiedergegeben werden), sondern durch die Aktivierung der Imaginationskraft etwas Neues entstehen, zumindest eine neue Sicht auf Bekanntes realisiert werden« (Spinner 1993).

Und schließlich will das *Kreative Schreiben* Schüler und Schülerinnen auch nicht dazu verleiten, literarische Texte einfach zu imitieren, obwohl der Einbezug literarischer Texte in unserem Konzept eine wichtige Rolle spielt und gewisse Ähnlichkeiten zwischen dem literarischen Schaffen bei Schriftstellern und dem sprachschöpferischen Prozeß bei Kindern durchaus vorhanden sind.

Wie aber läßt sich *Kreatives Schreiben* bei der Vielfalt von Berührungspunkten mit Ansätzen des *freien* oder *spontanen* Schreibens, des *personalen, prozessualen* oder *therapeutischen* Schreibens sowie des *produktiven Literaturunterrichts* auch nur annähernd beschreiben?

In einem *Cluster* bzw. *Assoziogramm* sollen zunächst die wichtigsten Merkmale und Charakteristika gesammelt werden:

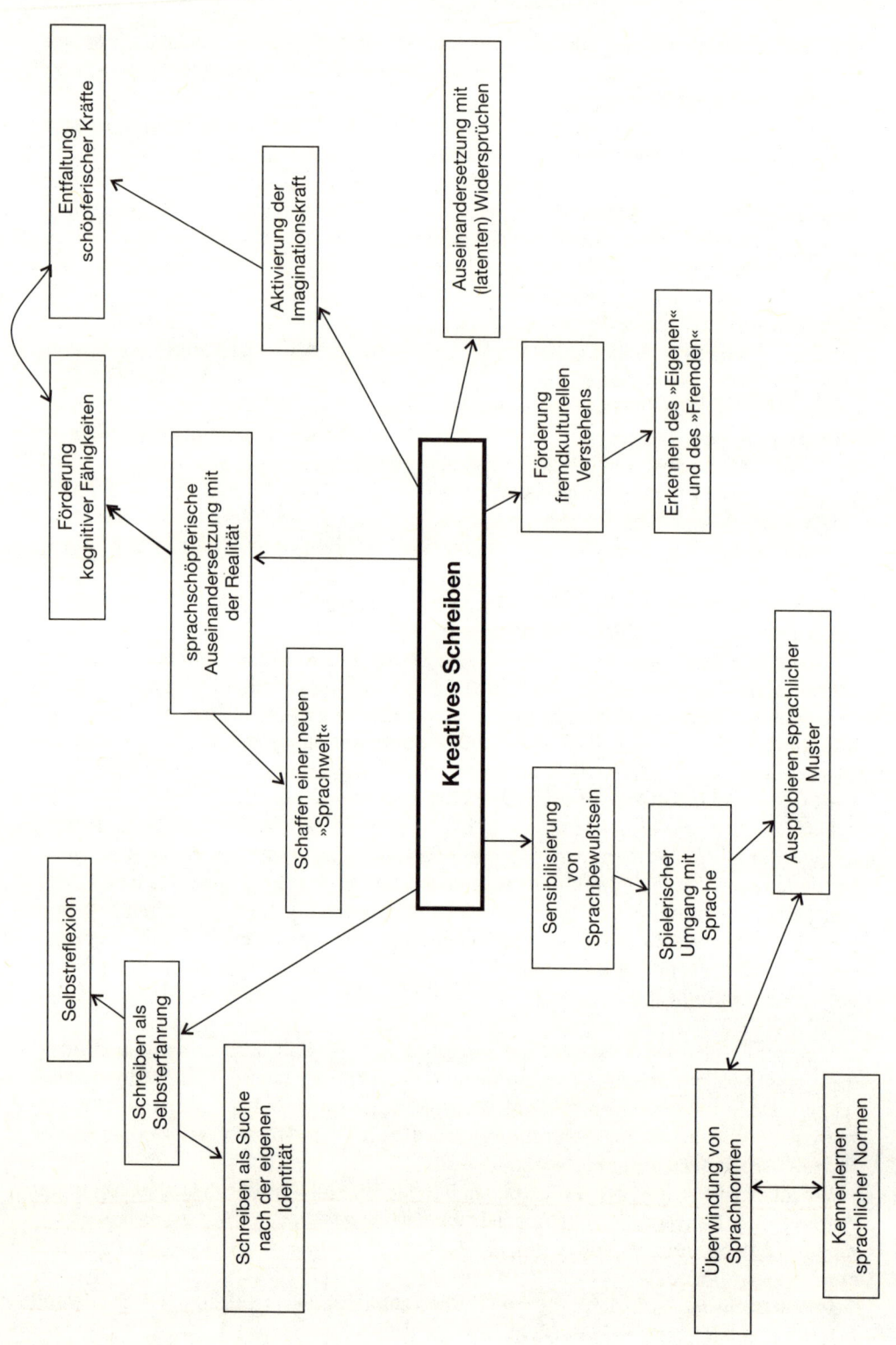

Kreatives Schreiben

- Entfaltung schöpferischer Kräfte
- Förderung kognitiver Fähigkeiten
- Aktivierung der Imaginationskraft
- Auseinandersetzung mit (latenten) Widersprüchen
- Förderung fremdkulturellen Verstehens
  - Erkennen des »Eigenen« und des »Fremden«
- sprachschöpferische Auseinandersetzung mit der Realität
  - Schaffen einer neuen »Sprachwelt«
- Sensibilisierung von Sprachbewußtsein
  - Spielerischer Umgang mit Sprache
    - Ausprobieren sprachlicher Muster
    - Überwindung von Sprachnormen
    - Kennenlernen sprachlicher Normen
- Schreiben als Selbsterfahrung
  - Selbstreflexion
  - Schreiben als Suche nach der eigenen Identität

Trotz unterschiedlicher Akzentuierung innerhalb einer kommunikativen, kreativen, personalen oder prozeßorientierten Schreibdidaktik ist diesen Ansätzen grundsätzlich eine Hypothese gemeinsam:

Dem sprachlernenden Kind bzw. dem jugendlichen oder erwachsenen Muttersprachen-, Fremd- oder Zweitsprachenlerner wird ein Potential kreativer (Schreib-)Fähigkeiten zugestanden, das es weiter zu entfalten gilt. Neben der grundlegenden Bedeutung, die relevanten Lebensinhalten oder »zentralen Schlüsselbegriffen« (Freire) zugestanden wird, welche die Schreiber(innen) zu Papier bringen, rücken ebenso der Gestaltungsversuch, die Formgebung für Texte, also die bewußte Anwendung sprachästhetischer Mittel, in den Vordergrund eines kreativen Schreibunterrichts.

»Spaß beim Schreiben« versprach denn auch Gerhard Sennlaub in seinem 1980 publizierten Buch; von der Prämisse »Schreiben kann jeder« ging ebenfalls 1980 das Bremer Autorenteam Humburg und Boehnke aus, und 1984 ermutigte die amerikanische Sprachpädagogin Gabriele L. Rico mit ihrem »Didaktik-Renner« *»Garantiert schreiben lernen«* ihre skeptische Leserschaft, selbst häufiger zu schreiben.

Diese Konzepte eröffneten in der Folge ein Programm, das die schreibdidaktische Diskussion nachhaltig beeinflußte. Folgende Merkmale sind für eine kreative Schreibdidaktik konstitutiv:

1. *Kreatives, freies Schreiben* wird zu einem notwendigen Korrektiv und Gegengewicht gegenüber einem einseitigen, an normativen Wertsetzungen orientierten Schreibunterricht, der vor allem fremdsprachigen Schülern das freie Formulieren eines Textes erst dann zutraut, wenn die geltenden Normen im Bereich der Grammatik und Orthographie weitgehend internalisiert sind. »Erst Pflicht, dann Kür!« – so lautet häufig das unausgesprochene Motto im Fremdsprachenunterricht, nicht wahrnehmend, daß die Pflicht selbst nach jahrelanger systematischer Unterweisung in der Fremdsprache in der Regel nur ungenügend erfüllt wird und für die Kür dann bereits die Puste ausgegangen ist.

2. *Kreatives Schreiben* dagegen erlaubt auch Schülerinnen und Schülern nichtdeutscher Herkunft bereits in den Anfangsphasen ihres Schriftspracherwerbs mit Hilfe weniger und einfacher syntaktischer Muster und mit einem geringen Wortschatz, relativ schnell zu kleinen, geschlossenen und aussagekräftigen Texten zu gelangen, die sehr viel von den Lebenseinstellungen, Ängsten und Wünschen der Schreibenden zum Ausdruck bringen (Puhan-Schulz 1989).

3. Diese Texte – seien sie im Deutschen, in der jeweiligen Herkunftssprache oder gemischtsprachlich verfaßt – weisen häufig einen sehr starken autobiographischen Anteil auf. Ähnlich wie beim personalen oder therapeutischen Schreiben kann das *Schreiben hier als eine Suchbewegung hin zur eigenen Identität* verstanden werden. Je stärker allerdings Phantasie und schöpferische Kräfte freigesetzt werden, um so eher gelangt das schreibende Individuum über die platte Artikulation von »Ich-Aussagen« hinaus (von Werder 1986; vom Scheidt 1989).

4. *Kreatives Schreiben* im interkulturellen Sprachunterricht bietet (mehr als in homogenen Gruppen) die Chance, sich der eigenen kulturellen Wurzeln bewußt zu werden und sich zugleich mit »Fremdsein« auseinanderzusetzen. So kann etwa mit Hilfe von Sprachspielen, durch den Umgang mit (zweisprachiger) Kinder- und Jugendliteratur oder den Einsatz kontrastiver Verfahren eigen- und fremdkulturelles Verstehen gefördert werden (Luchtenberg 1994; Rösch 1992).

5. *Kreatives Schreiben* setzt nicht nur Phantasie frei, sondern fordert vom schreibenden Individuum – aufgrund divergenter Verhaltensweisen – eine intensive und vielleicht ungewohnte Form der Bewußtwerdung und Verarbeitung von Wirklichkeit. Somit fördert *Kreatives Schreiben* auch kognitive Fähigkeiten, die sich wiederum auf die Entwicklung einer koordinierten Zweisprachigkeit auswirken können (Scheller 1979).

6. *Kreatives Schreiben* gibt zwar keine Antwort auf alle Fragen und Probleme, die im Zusammenhang von *Normativität* und *Kreativität* im Schriftsprachbereich – besonders im interkulturellen Kontext – auftreten; es erlaubt uns allerdings, auch schreibunsichere und damit häufig auch unmotivierte Schülerinnen und Schüler – auf allen Sprachlernniveaus – zum Schreiben anzuregen.[4]

7. *Kreatives Schreiben* ist gekennzeichnet durch eine auffallend angstfreie Atmosphäre; dies stellt eine außerordentlich günstige Bedingung für spielerisches Erproben der eigenen sprachlichen Möglichkeiten und Grenzen dar. Eine auf Fehlervermeidung bedachte Haltung führt in der Regel zwar zu korrekterem Sprachgebrauch – sowohl in der mündlichen Kommunikation als auch im Schriftsprachbereich –, verlangsamt aber gleichzeitig den Spracherwerb in der Fremd- oder Zweitsprache.[5]

8. Beim *Kreativen Schreiben* entstehen Texte, die nicht mehr nur das »gefürchtete Endprodukt« lang vorangegangener, meist einsamer Schreibbemühungen darstellen, sondern als »Gelenkstellen« im Unterricht fungieren, die zur Reflexion, zum Lesen, Diskutieren, Interviewen oder auch zum Schreiben weiterer Texte motivieren können (vgl. dazu Hegele/Pommerin 1983; vom Scheidt 1989).

9. Durch ein »Wechselspiel« zwischen dem *Kreativen Schreiben* und einem *produktiven Literaturunterricht* werden nicht nur Lesemotivation und -fähigkeiten gefördert, sondern auch die Machart komplizierter expositorischer und literarischer Texte für Schüler und Schülerinnen verschiedener Muttersprachen erfahrbar gemacht (Mattenklott 1979; Spinner 1994).

10. *Kreatives Schreiben und sinnvolles Üben* stellen nicht per se Gegensätze dar und führen auch nicht zwangsläufig zu sturem Auswendiglernen und zur Langeweile. Gerade der Einsatz *operationaler Verfahren* (Ersatzprobe, Umstellprobe etc.) und *spielerischer Methoden* macht es möglich, daß sich grundlegende Sprachmuster und ein Alltagswortschatz auch über eine einmalige Situation hinaus einprägen (Winterling 1971).

11. Ähnliches gilt für das Verhältnis zwischen *Kreativem Schreiben und Grammatik:* Beide Aktivitäten sind in Wechselwirkung aufeinander bezogen. *Kreatives Schreiben* steht – nach unserer Erfahrung – am Anfang, bedarf aber der Ergänzung und

---

4 Für den Bereich des interkulturellen Lernens ist das Problem der »Gratwanderung zwischen Normativität und Kreativität« dargestellt bei Gabriele Pommerin: Normenverstoß und sprachliche Kreativität im Sprachgebrauch ausländischer Heranwachsender. In: Zielsprache Deutsch 1982, H. 1, S. 3–11; die Schwierigkeiten, aber auch ihre Erfolge, SchülerInnen der Sekundarstufe zum Schreiben zu motivieren und ihre Schreibprodukte allmählich zu verbessern, beschreibt Ursula Lambrou: Gegen den Strich gelesen, gesprochen, geschrieben, Weinheim/Basel 1987.

5 Es ist zweifelsohne ein Verdienst der »Interlanguage«-Forschung, daß sie den kreativen Aspekt des Zweitspracherwerbs in das Zentrum des Forschungsinteresses gerückt hat, daß »Fehler« grundsätzlich als Voraussetzungen eines schnellen und erfolgreichen Erwerbs einer zweiten Sprache im Land der Zielsprache anzusehen sind; vgl. dazu Knapp-Potthoff/Knapp: Fremdsprachenlernen und -lehren. Stuttgart 1982.

Vertiefung durch Reflexion und Systematisierung grammatischer Redemittel sowie der Einschätzung sprachlicher Wirkung von Sätzen und Texten (Kupfer 1994).

12. *Kreativ zu schreiben* lernen Kinder und Jugendliche aber nicht im luftleeren Raum. Es bedarf nicht nur der angstfreien Schreibatmosphäre, von der bereits die Rede war, sondern auch *motivierender Schreibanlässe* oder *-ideen*, Verfahren bzw. Techniken, mit denen sich unsichere und ungeübte Schülerinnen und Schüler »warm schreiben«, Texte spielerisch entwerfen und auch verwerfen können (Waldmann / Bothe 1992).

Im folgenden stellen wir in einem ersten, kurzen Überblick solche *Verfahren des Kreativen Schreibens* vor, die sich nach unserer Erfahrung insgesamt gut für den interkulturellen Sprachunterricht in multinationalen Lerngruppen eignen.

4.1 Verfahren des Kreativen Schreibens – Eine Auswahl

Hilfreich scheint uns auch eine Differenzierung nach Sprachlerniveaus zu sein:

A   = Anfänger

F   = Fortgeschrittene (im Schriftsprachlichen mindestens einer Sprache)

SchG = Schreibgeübte und -kompetente

(Alle drei Gruppen sind lediglich grobe Kategorisierungen und kommen sowohl im Primar- als auch Sekundarbereich vor.)

Alle Verfahren können sowohl im Deutschunterricht als auch im muttersprachlichen Unterricht eingesetzt werden.

I   Assoziative Verfahren:

1.   Schreiben nach Schlüsselwörtern   A F SchG

2.   Clustern   A F SchG

II   Schreiben nach Textvorlagen

1.   (Un)gewöhnliche Vergleiche (und ihre Erweiterungen), z.B.:   A F SchG

   »... so schnell wie ...«
   »... so stark wie ...«
   »... so bunt wie ...«
   »... so leicht wie ...«
   »Ich fühle mich so ... wie ...«
   »Wenn ich fröhlich bin, fühle ich mich so ... wie ...«
   »... ... traurig ...«

2. Motivierende Schreibanfänge, z.B: A F SchG

»Nie wieder …«
»Endlich mal …«
»Wäre ich ein Vogel, …«
»Als Junge würde/hätte/ möchte … ich …«
  (aus der Sicht der Mädchen)
»Wäre ich ein Mädchen, …«
  (aus der Sicht der Jungen)
»Wenn ich (einmal) erwachsen bin, …«
»…   …   alt   …«
»…   …   verheiratet   …«
»…   …   …   …«

3. Finden und Wörtlichnehmen von Metaphern
   (z.B: Körpermetaphern):   F SchG
   »Du hast wohl ein Brett vor dem Kopf!«
   »Mir fällt ein Stein vom Herzen.«
   »Ihm stehen die Haare zu Berge.«

III Schreiben nach visuellen Vorlagen:

1. Assoziatives Schreiben nach Bildern   A F SchG
   (Clustern oder Schreiben in Satzfragmenten)

2. a) Zuordnen von Denk- und Sprechblasen …   A F

   b) Erfinden von Sprech- und Denkblasen sowie fiktiven
      Dialogen von bildlich dargestellten Personen   A F

3. Schreiben einer (Comic-)Geschichte nach eigenen
   Fotos oder Zeichnungen   A F

IV Schreiben nach Musik

1. Clustern/Satzfragmente nach »Programm«-Musik, z.B.:   F SchG

    – Peter und der Wolf (Prokofjew)   A F SchG
    – Forellenquintett (Schubert)
    – Bilder einer Ausstellung (Mussorgski)
    – The Wall (Pink Floyd)
      …

2. Malen, Tanzen, Pantomime nach Musik als Vorlage für eigene
   Texte   A F SchG

3. Die »musikalische Phantasiereise«   A F SchG
   (Klasse oder Schreibgruppe hört gemeinsam Musik,
   Lehrkraft spricht einen Text dazu und versetzt die
   Gruppe in eine »andere Welt«; Schüler beschreiben
   ihre Imaginationen)

4. Zusammenstellen von Begrüßungs- und Verabschiedungs-   F SchG
   formeln, Flüchen und Witzen (sowie ihr kulturspezi-
   fischer Vergleich)

5. Literatur als Schreibanregung   A F SchG

   a) Gemeinsames mündliches Erzählen einer Geschichte   A F SchG

   b) Gemeinsames Aufschreiben einer Geschichte   F SchG
      (Text der Vorgänger ist verdeckt, nur letzter Satz ist sichtbar)

   c) Zu-Ende-Schreiben von Märchen   A F
      (und anderen Textsorten)

   d) Dramatisieren von Märchen durch Einbeziehen von   A F SchG
      Malen, Tanzen und Theaterspielen

   e) Verfremden und Umschreiben von Märchen oder   A F SchG
      Gedichten

   f) Schreiben eigener Gedichte (etwa nach Satz-   A F
      anfängen), z.B.:

      »Meine Schwester ist …«
      »und ich bin …«
      »Mein Bruder ist …«
      »und ich bin …«

   g) Die »Versetzung« (Böll, Tabori etc.) =

      – *Erfinden von Lebensgeschichten für unbekannte Personen*   F SchG

      – *Ausbauen der erfundenen Lebensgeschichten in einem*   F SchG
        selbstverfaßten (Theater-)Stück

4.2 Clustern – auch im interkulturellen Sprachunterricht!

Innerhalb der fachdidaktischen Diskussion war es vor allem der Ansatz von Gabriele
L. Rico (1984), der die Diskussion über Möglichkeiten des *Kreativen Schreibens* in den
letzten zehn Jahren nachhaltig bestimmte.

Ihr Ausgangspunkt war, im »natürlichen Schreiben« Ganzheitlichkeit anzustreben:

»… mit … mit unserem Drang, die Vielfalt des Wahrgenommenen und Erlebten zu
bedeutungsvollen, in sich geschlossenen Ganzheiten zu ordnen« (S. 7–8).

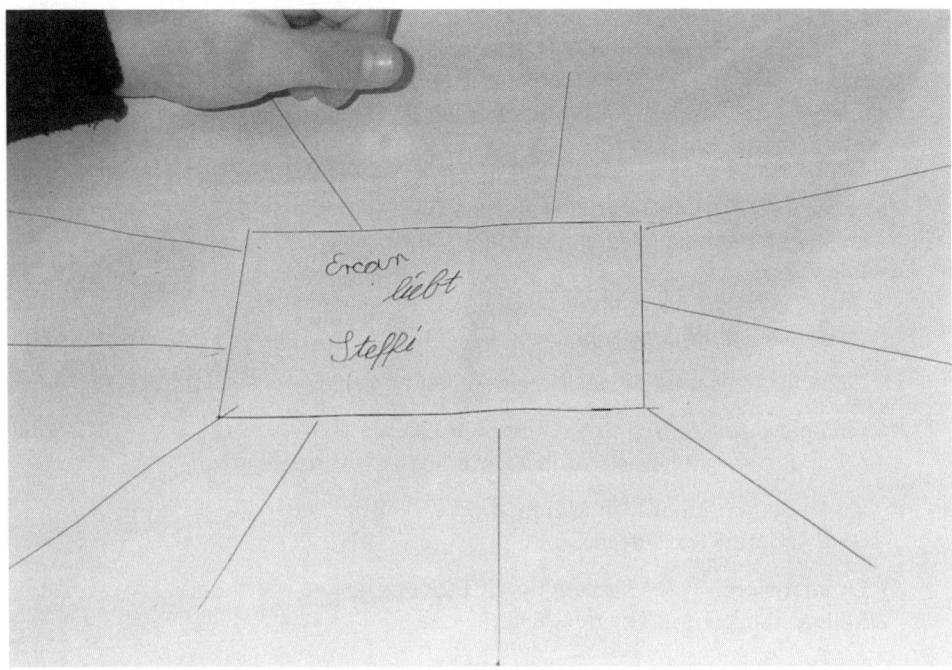

Dieser Ansatz wurde in Deutschland in den vergangenen zehn bis zwölf Jahren in verschiedenen einschlägigen Publikationen aufgegriffen und vorerst für die Muttersprachdidaktik weiterentwickelt.[6]

Nach unserer Erfahrungen im »Nürnberger Schulversuch« läßt sich feststellen, daß sich das Konzept von Rico hervorragend auch für die interkulturelle Spracharbeit eignet. Deshalb ist es wert, hier in aller Kürze vorgestellt zu werden, weil es eine sehr grundlegende Methode ist, die sich auch mit anderen Verfahren des assoziativen und meditativen Schreibens verbinden läßt.

Im *clustering* sieht Rico das Kernstück ihrer kreativen Schreibdidaktik. Ausgehend von einem ganzheitlichen, bildhaften Denken, das sie in der rechten Gehirnhemisphäre gesteuert sieht, werden in einer ersten Phase, die wir bei jedem Brainstorming kennen, Ideen und Vorstellungen frei assoziiert. In dieser Phase ist jede Idee erlaubt; es gibt zunächst noch kein »richtig« oder »falsch«.

Der Assoziationsstrom wird vom Individuum dann abgebrochen, wenn es das Gefühl hat, zu einem vorläufigen Ende gelangt zu sein. Mit jüngeren Kindern oder mit schreibungeübten Gruppen werden diese Aufgabe zunächst der Lehrer oder die Lehrerin übernehmen. In einer zweiten Phase verdichten sich die Assoziationen immer

6 Im Bereich »Deutsch als Fremdsprache« ist dieser Ansatz erstaunlicherweise nur zögerlich aufgegriffen worden. Eine Ausnahme bilden das Heft 1 der Fachzeitschrift »Fremdsprache Deutsch«, vor allem aber die Arbeiten von Ingrid Mummert (1989). Für die romanischen Sprachen liefert Alfons Knauth in seiner kenntnisreichen und zugleich amüsanten Studie »Literaturlabor« eine Synthese zwischen einer »literaturhistorischen Analyse und leserliterarischen Kreation« (1986). Darin werden einige Verfahren des Kreativen Schreibens vorgestellt, die der Methode der »écriture automatique« ähneln. Für den Bereich »Deutsch als Zweitsprache« liegen nur sehr wenige Arbeiten vor; siehe vor allem das Buch von Barbara Puhan-Schulz, »Wenn ich traurig bin, fühle ich mich wie acht Grad minus«, und die Praxisberichte über das Clustern in multinationalen Regelklassen von Gabriele Pommerin.

Grundmodell

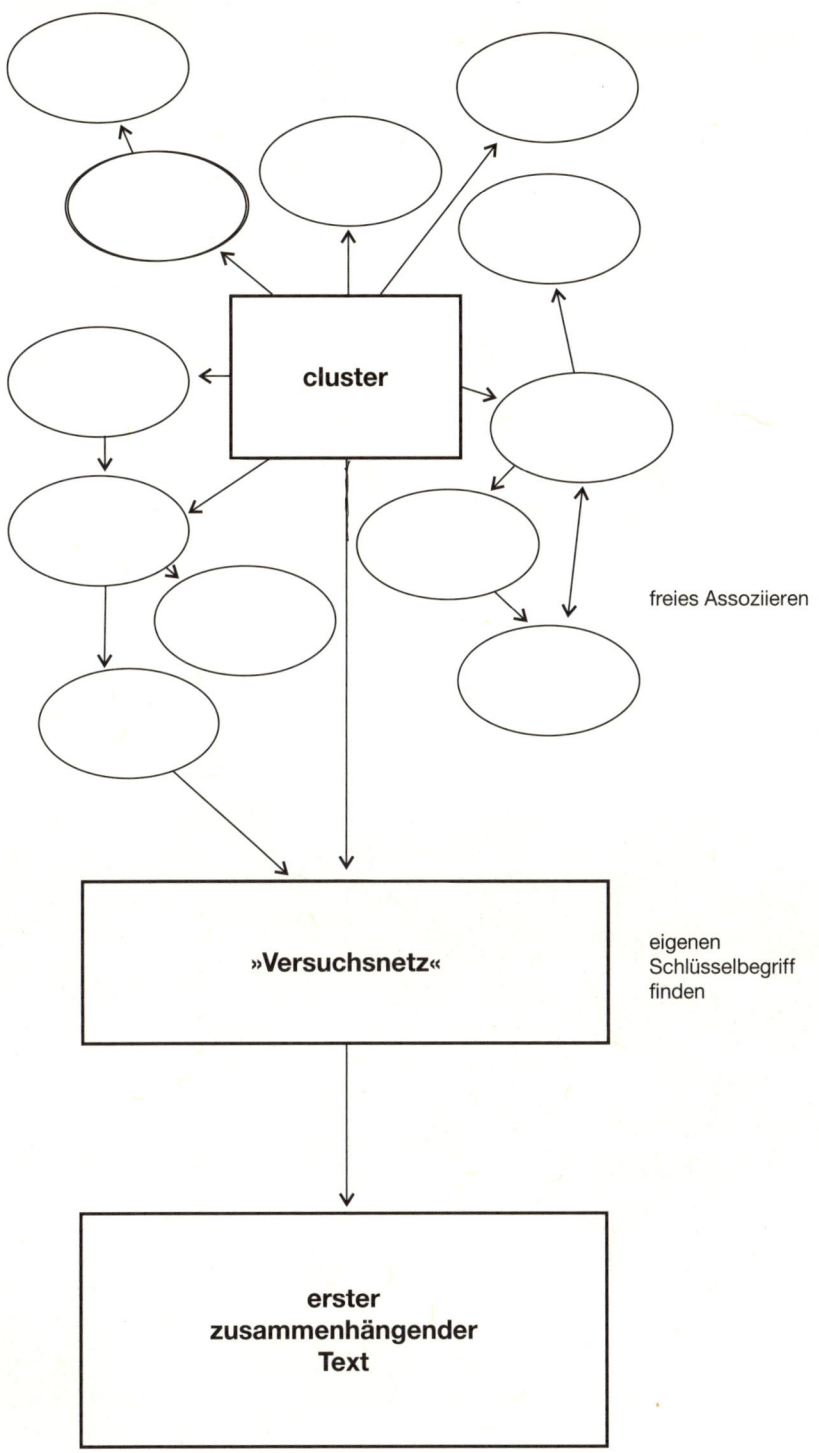

cluster

freies Assoziieren

»Versuchsnetz«

eigenen
Schlüsselbegriff
finden

erster
zusammenhängender
Text

65

stärker zu einem sogenannten »Versuchsnetz«, das die Schreibintentionen des betreffenden Individuums am besten repräsentiert, bis der Schreiber oder die Schreiberin über dieses »Versuchsnetz« zu einem ersten zusammenhängenden Text gelangen.

Die linke Gehirnhälfte, die – nach Erkenntnissen der gehirnphysiologischen Forschung – für das sequentielle, analytische Denken verantwortlich gemacht wird, spielt mit ihrer Strukturierungsfähigkeit bei diesem Prozeß den notwendigen Korrektor und Zensor und faßt die Ergebnisse des bildhaften Denkens in verstehbare Begriffe und syntaktische Strukturen.

Im Hinblick auf eine begründete Übertragung des Rico-Ansatzes auf den interkulturellen Sprachunterricht hat es sich jedoch als überaus wichtig erwiesen, die besonderen Bedingungen zu reflektieren, die das Schreiben mit Kindern unterschiedlicher Ausgangssprachen und sprachlicher Voraussetzungen in beiden Sprachen mit sich bringen. Die skeptischen Fragen vieler Kolleginnen und Kollegen, die *Kreatives Schreiben* in ihren eigenen Klassen ausprobiert haben oder ausprobieren wollen, haben uns bei der Entwicklung unseres Konzepts des *Kreativen Schreibens* im interkulturellen Sprachunterricht wesentlich geholfen; dies waren folgende Fragen:

– Müssen nicht zunächst einmal Grundlagen für das *Kreative Schreiben* entwickelt werden, d.h., sollten ausländische Kinder nicht *zuerst* systematisch einen elementaren Grundwortschatz und grundlegende Satzstrukturen erwerben, *bevor* sie kreativ schreiben können?
– Inwieweit wirken sich die unterschiedlichen sprachlichen Fähigkeiten (im Mündlichen wie im Schriftlichen) in multinationalen Klassen bereits bei der Erstellung eines Clusters negativ aus, erst recht aber in der Phase der individuellen Textgestaltung?

– Inwieweit ist es hilfreich, nicht ausschließlich und verbindlich für alle Kinder in der Zielsprache Deutsch zu clustern, sondern bereits in dieser Phase des Assoziierens die jeweiligen Muttersprachen mit aufzunehmen?
– Sollte ein Cluster möglichst individuell, in Kleingruppen oder in der gesammelten Klasse erstellt werden? Wovon ist das jeweils abhängig?
– Wie kommt ein Kind vom Cluster – über das sogenannte Versuchsnetz – zum ersten eigenen zusammenhängenden Text?
Sollten dafür spezielle Hilfen gegeben werden, oder ist es ratsamer, das jeweilige Kind zunächst allein schreiben zu lassen, um Einsichten in dessen individuelle Schreibprogression zu erhalten?
– Was versteht man überhaupt unter einer Schreibprogression, und wie läßt sie sich bei jedem einzelnen Schüler ermitteln?
– Gibt es nicht auch Schüler und Schülerinnen, für die das Clustern (allein oder mit anderen) keine Hilfe darstellt, sondern eine Einengung ihres Schreibflusses?
– Gibt es nicht grundsätzlich verschiedene Typen von Schreibenden, die auf sehr unterschiedlichen Wegen zu außerordentlich originellen und individuellen eigenen Texten gelangen, so daß die Anwendung der Clustermethode vielleicht für viele Kinder ein neuer Zwang ist, diesmal versteckt unter dem modernen Begriff *Kreatives Schreiben?*
– Was macht man als Lehrer(in), wenn selbst bei dieser Methode bei einigen Kindern Schreibhemmungen und Schreibblockaden auftreten?
– Inwieweit werden beim *Kreativen Schreiben* orthographische und grammatische Abweichungen korrigiert?
Welche Rolle spielt bei diesem Verfahren überhaupt der Fehler?
– Können alle Textsorten bzw. Aufsatzarten, wie sie auch von den Lehrplänen und Richtlinien her gefordert werden, durch *Kreatives Schreiben* produziert werden, oder
– brauchen Verfahren des *Kreativen Schreibens* im Rahmen des gesamten Schreibunterrichts auch notwendige Ergänzungen?
– Ist es für die Förderung bilingualer Kompetenzen notwendig, daß ausländische Kinder Cluster und Texte jeweils sowohl im Deutschen als auch in ihrer Muttersprache verfassen?
Wann können wir von Förderung, wann müssen wir von Überforderung sprechen?
– Unter welchen Umständen sollen Schüler (nach dem gemeinsamen Clustern) ihren Text allein oder in Kleingruppen schreiben?
– Wie steht es grundsätzlich mit der Korrektur bzw. Überarbeitung der nach dieser Methode entstandenen Schülertexte?

Diese Fragen ziehen sich wie ein »roter Faden« durch unsere gesamte Arbeit im Schulversuch und tauchen in unserer Dokumentation unter den jeweiligen systematischen Aspekten in den einzelnen Kapiteln auf.

4.3 Gedanken zur Schreibprogression: Erste Erfahrungen im Rahmen des Nürnberger Schulversuchs

Es geht uns im folgenden darum, den Schreibprozeß von Kindern und Jugendlichen unterschiedlicher Ausgangssprachen zu rekonstruieren, um Einsichten in die *Schreibprogression Heranwachsender unter Bedingungen interkulturellen Lernens* zu erhalten.

Unter *Schreibprogression* verstehen wir hier in erster Linie das Aufeinanderfolgen verschiedener Phasen im Schreibprozeß: von der Ideenfindung über Strukturierungsversuche bis hin zum zusammenhängenden Text und seiner redaktionellen Überarbeitung.

Alle Individuen, die schreiben, beherzigen bewußt oder unbewußt solche Schreibphasen (bis auf die redaktionelle Überarbeitung), unabhängig davon,

ob sie in der Muttersprache oder in der Zielsprache schreiben,
ob als Erwachsener oder als Kind,
ob als Junge oder als Mädchen,
ob mit oder ohne größere Schreiberfahrung,
ob ...

Wie diese Schreibphasen dann ineinandergreifen, welchen Umfang sie jeweils annehmen, ob die Strukturierungsphase etwa in kurzer zeitlicher Abfolge innerlich abläuft (Interiorisierung) oder über einen längeren Zeitraum im Dialog mit anderen, ob sich die Personen der einzelnen Schreibphasen jeweils bewußt sind oder nicht, dies alles ist abhängig von einem Bündel *individueller* Bedingungen (persönlicher Motivation, Schreiberfahrung, Sprachkompetenz in einer oder in mehreren Sprachen, Alter, Geschlecht etc.) und einer Reihe von äußeren Faktoren (z.B. Klassenstärke, Ausstattung des Raums, Schreibatmosphäre, Materialien, die beim Schreiben herangezogen werden dürfen, Möglichkeiten der Kontaktaufnahme zwischen den Schreibenden, Ausbildung des Lehrers oder der Lehrerin, Textsortenauswahl etc.).

Im Zusammenhang mit Erfolg oder Mißerfolg des Zweitsprachenerwerbsprozesses spricht der Leipziger Linguist Gerhard Helbig von einer Vielzahl von Faktoren (vgl. dazu Helbig 1988, S. 293 ff.). Dieses oben beschriebene Bedingungsgefüge läßt sich auch auf den Schreibprozeß in der Muttersprache, in der Fremdsprache und in der Zweitsprache anwenden und zeigt – aus überindividueller Sicht – Möglichkeiten der Übertragung von einer Lerngruppe auf andere. Komplementär zu dieser Betrachtungsweise ist die Berücksichtigung der individuellen Schreibprogression des einzelnen Schülers und der einzelnen Schülerin im ontologischen Sinne. Darunter versteht man die persönliche (Schreib-)Entwicklung des einzelnen Kindes. In Form von Langzeituntersuchungen, etwa Falldarstellungen, werden die Fortschritte, Stagnationen und Rückschritte der Schreibkompetenzen untersucht. Solche Verfahren sind langwierig und kompliziert und daher von einer einzelnen Lehrkraft im »normalen« Unterricht kaum anwendbar. Um dennoch individuelle Schreibprogressionen von Kindern in einer Klasse ermitteln zu können, schlagen wir folgende Vorgehensweise vor:

– Gespräche und schriftliches Clustern mit Schülerinnen und Schülern über deren eigene Schreiberfahrungen und Schreibhemmungen,

– Beobachtungen einzelner Schüler, die in Form von Anamnesen in einem Schülerbogen (Karteikarten etc.) von der Lehrkraft schriftlich festgehalten werden:
z. B.: G. hat heute zum ersten Mal mehrere Sätze ausformuliert;
große Probleme mit der Wortstellung;
Diskrepanz zwischen mündlicher und schriftlicher Sprachkompetenz;
…
hat in den letzten zwei Wochen Fortschritte gemacht in der Wortdifferenzierung;
immer noch Probleme mit …;
bestimmte Wörter (…) im Deutschen aktiv und passiv vorhanden, nicht aber in der Muttersprache; etc.

Diese Aufzeichnungen sollten auch den Schülern zugänglich sein. Nach unserer Erfahrung mißbrauchen auch jüngere Schüler keineswegs dieses Vertrauen, sondern gewinnen selbst Einsichten in ihre eigenen sprachlichen Fähigkeiten und Schwächen.

Doch zurück zur »überindividuellen« Abfolge von Schreibphasen!

Unser Ziel ist die Weiterentwicklung eines Schreibkonzepts, das kreative Aspekte des Schreibens mit systematischen Prozessen koordiniert und die Individualisierung des Schreiblernprozesses von Kindern unterschiedlicher Sprachlernvoraussetzungen noch stärker als bisher berücksichtigt.

Vergleichen wir verschiedene Schreibkonzepte hinsichtlich ihrer Phasenaufteilung miteinander, so läßt sich – wenn auch mit unterschiedlicher Gewichtung der einzelnen Phasen – folgende Progression feststellen:

Schreibprogression

Rico	Hayes / Flowers		Ludwig
	Ziele setzen		
Brainstorming / Cluster	Planen	Ideen produzieren (können auch ausformul. Gedanken sein)	konzeptionelle Prozesse
		Ideen organisieren (Strukturierung)	
»Versuchsnetz«			innersprachliche Prozesse
		Versprachlichen (wird hier nicht als eigenständige Handlung gesehen)	
zusammenhängender Text			
	überprüfen (Evaluierung)		redigierende Tätigkeiten

»Es ist anzunehmen« – so führt Paul Portmann in seiner Habilitationsschrift »Schreiben und Lernen« aus –, »daß zwischen den verschiedenen Aktivitäten gewisse Voraussetzungsrelationen bestehen. Es kann nicht ohne minimale vorhergegangene inhaltliche Planung formuliert werden, ebenso setzt jede Planung eine gewisse Zielanalyse voraus; Edieren und Redigieren sind explizit definiert als Tätigkeiten, welche auf Resultaten von Realisierungsprozessen beruhen. Dies kann jedoch nicht bedeuten, daß Zielanalyse und Inhaltsplanung jeweils voll durchgeführt sein müßten, bevor das Versprachlichen möglich würde. Schreibprozesse sind im Gegenteil dadurch ausgezeichnet, daß Zieldefinitionen und Inhaltsplanung oft erst endgültig zustande kommen im Verlauf der Schreibarbeit selbst« (Portmann 1991, S. 282).

1. Die Phasenaufteilung des Schreibens (wie wir sie von verschiedenen Modellen her kennen) ist im wesentlichen eine analytische; sie ist sicherlich nicht beliebig umzustellen, sie darf jedoch auch nicht im engen Korsett eines chronologischen Nacheinanders gesehen werden, wobei jede einzelne Phase abgeschlossen sein müßte, bevor man in eine andere Phase eintreten könnte.

2. Die Phasen geben zwar eine Abfolge wieder; sie sind aber in unterschiedlicher Richtung aufeinander bezogen: Bereits in der *Planungsphase* werden in der Regel erste Formulierungsversuche unternommen, die als »Verarbeitungsinseln« (Portmann) im Sinne fester sprachlicher Muster in die Texte eingehen. Und umgekehrt werden noch in der *Redigierungsphase* Strukturierungsmomente neu aufgenommen, die sich auf den gesamten Schreibplan auswirken können.

   Nach unserer Beobachtung liegt allerdings häufig ein beträchtliches Maß an Zeit zwischen dem ersten zusammenhängenden Text und einer zweiten Fassung des gleichen Textes, wenn eine Redigierung nicht nur Marginalien berücksichtigt, sondern wenn beispielsweise ein neues Argument aufgenommen wird oder einem bereits erwähnten Ereignis neue Beobachtungen hinzugefügt werden.

3. Es ist durchaus nicht so, daß Planungsphasen auch von Grundschulkindern mit minimalen Deutschkenntnissen grundsätzlich vermieden werden, wie Portmann unter Hinweis auf die Untersuchung von Burtis »*The development of planning writing*« (1983) annimmt, sondern sie werden eher als »Initialzündung« für die anschließende Formulierungsphase wahrgenommen, sofern die Schülerinnen und Schüler tatsächlich frei assoziieren können.

   Allerdings ist es durchaus möglich, daß ein Cluster oder Assoziogramm deshalb nicht als Planungsaktivität im Sinne einer zielgerichteten Vorbereitung auf den eigenen zusammenhängenden Text erlebt wird, weil das freie Assoziieren sprachlicher Mittel in Kleingruppen zunächst wenig mit der Realität des einsamen Schreibens zu tun hat, die Schüler gemeinhin erfahren, wenn es gilt, die eigenen Gedanken zu Papier zu bringen.

   Gerade in dieser Planungsphase haben sich der spielerische Umgang mit Sprache und die Kooperation zwischen den Schülern als unverzichtbare motivierende Voraussetzung für eine eigene Textproduktion herausgestellt.[7]

---

7 Für die außerschulische Schreibtherapie hat Jürgen vom Scheidt 1989 in seinem Ratgeber »Kreatives Schreiben« auf die Notwendigkeit hingewiesen, die Vorstellung von der unvermeidlichen »einsamen Reflexion des Schreibens« aufzugeben und kooperative Formen der Textherstellung auszuprobieren; Beobachtungen zum Kreativen Schreiben in multinationalen Grundschulklassen sind dokumentiert von Gabriele Pommerin: Clustern macht Spaß! In: Und im Ausland sind die Deutschen auch Fremde! Frankfurt a.M. 1989, S. 109–120.

4. Wir können sicher nicht davon ausgehen, daß alle in der Assoziationsphase angenommenen Ideen in den ersten zusammenhängenden Text eingehen, zumal ja das Brainstorming den Fundus einer gesamten Lerngruppe widerspiegelt, aus dem heraus der einzelne bzw. eine Kleingruppe erst die eigene Schreibintention gewinnt und das Cluster dementsprechend weiterentwickelt. Es wäre auch ein Mißverständnis anzunehmen, daß die Qualität eines Textes daran gemessen werden kann, daß möglichst viele Begriffe oder Wendungen aus der Planungsphase in den eigenen Text eingehen müssen. Im Gegenteil – wir haben beobachtet, daß eher Anfänger, also etwa jüngere Grundschulkinder nichtdeutscher Herkunft in gemischtsprachigen Lerngruppen, dazu neigen, mit Hilfe eines einfachen syntaktischen Musters und einiger weniger Begriffe, die sie in der Regel beim gemeinsamen Clustern oder in der anschließenden Kleingruppenarbeit zum ersten Mal gehört haben, einen ersten kurzen Text gestalten, der nach unserer Ansicht durchaus eine klare Schreibintention dokumentiert, aber selbstverständlich ausbaufähig ist.

Kritik an der Planungsphase ist – zumindest nach unseren bisherigen Erfahrungen – nicht von den Schülerinnen und Schülern selbst geäußert worden und ließ sich auch nicht aus ihrem Verhalten ablesen (im Gegensatz zur Evaluierungsphase, auf die wir später eingehen werden).

Unbehagen war zuweilen eher auf der Seite der LehrerInnen zu spüren, die die teilweise »kargen« und defizitären Texte in einem gewissen Mißverhältnis zu den ausgiebigen Assoziationsphasen zu Beginn der Schreibproduktion sahen. In keinem einzigen Fall aber haben wir feststellen können, daß die Formulierungs- oder Vertextungsphase völlig ohne Bezug zur vorausgegangenen Planung verlaufen wäre. Selbst skeptische Kolleginnen haben zugestanden, daß diese Texte niemals zustande gekommen wären, wären die Schülerinnen und Schüler ohne jegliche Vorbereitung mit der Aufgabe konfrontiert, »spontan« oder »kreativ« ihre Gedanken zu einem bestimmten Thema zu fixieren.

Alle Versuche, über ein *Cluster* (Rico 1984) zu einem ersten zusammenhängenden Text zu gelangen, haben sich – vor allem für schreibungeübte Kinder und Jugendliche – als notwendig erwiesen:

Er (der Cluster) ist Ideenspender und Leitfaden zugleich; er ermöglicht neue, persönliche Assoziationen und Abgrenzungen von den Ideen anderer, er gibt Hilfestellungen, ohne einzuengen; er preßt den Schreiber, die Schreiberin nicht in die Ordnung einer Chronologie, sondern erlaubt Ergänzungen, Verschiebungen, Zuordnungen auch im Paradigma des Wortschatzes; er spiegelt die Ideen einer gesamten Lerngruppe wider und erlaubt doch die Identifikation mit einem eigenen Schlüsselbegriff, der häufig erst den Zugang zu einem ersten Text bildet und allmählich auch Zweitsprachlernen zu ihrem eigenen Stil verhilft.

6. Cluster, Assoziogramme oder andere spielerische Verfahren des ersten unkorrigierten Ideensammelns bilden aus unserer Sicht keineswegs Gegensätze zum *Kreativen Schreiben*, nur weil sie bereits im Ansatz Planungselemente beinhalten, sondern sie ermöglichen *Kreatives Schreiben* erst (vgl. dazu auch Krumm 1989, S. 5–8). Diese »vorgeschalteten Schreibphasen« haben sich vor allem bei Zweitsprachenlernern, aber auch schreibungeübten deutschen Kindern als unentbehrlich vor der eigenen Textproduktion erwiesen, da sie Wort- und Satzmaterial zu einem bestimmten, meist von der Klasse selbst gewählten Schlüsselthema zur Ver-

fügung stellen, das vielfältige Kombinationen je nach Interesse, Schreibintention sowie sprachlichen Fähigkeiten und Sachwissen erlaubt.

Zu empfehlen ist aus unserer Sicht, mit dem Clustern in der gesamten Klasse zu beginnen, dieses nach maximal zehn Minuten in gemischtsprachigen Kleingruppen (von 3–5 Kindern) fortzusetzen, um im Anschluß daran jedem einzelnen Schüler oder jeder Schülerin Gelegenheit zu geben, seinen bzw. ihren individuellen Schlüsselbegriff zu finden.

Diese Assoziationsphasen gleichen eher einer noch unstrukturierten »Stoffsammlung«, wobei allerdings beim Clustern die einzelnen Assoziationen wiederum Assoziationen bei anderen Kindern auslösen und »wie Blitze aufleuchten« (Äußerung eines brasilianischen Jungen bei der Charakterisierung dieses Verfahrens, 9 Jahre alt).

Die Kunst besteht nun darin, diese »Blitze« nicht unbeachtet verglühen zu lassen, sondern sie so rasch wie möglich aufzunehmen – etwa im Teamteaching durch Anschreiben an die Tafel von zwei Lehrkräften, durch Tonband- oder Kassettenaufnahmen oder vielleicht auch mit Hilfe eines Videofilms.

7. Als überaus schwierig – gerade für jüngere Kinder oder auch ältere Sprachanfänger – haben wir den Übergang vom Cluster über das sogenannte »Versuchsnetz« zum ersten zusammenhängenden Text empfunden.

Das »gedankliche Verweilen und Herumfahren im Cluster«, um zu seinem eigenen Schlüsselbegriff zu gelangen, so wie Rico es vorschlägt, reicht als Hilfe sicherlich für jugendliche und erwachsene geübte Schreiber und Schreiberinnen aus – auch in der Fremdsprache –, um das *eigene* Thema, die *eigene* Schreibintention zu finden.

In der Tat aber wird gerade jüngeren Schreibern und Schreiberinnen oder auch Anfängern im fremdsprachlichen Kontext ein gewaltiger »Sprung« abverlangt, um von der bloßen Sammlung eigener Ideen (die ja zunächst meist mündlich vorgetragen werden) zu deren Strukturierung und schriftlichen Ausformulierung zu gelangen.

Genau an dieser Stelle setzt das Zusammenspiel kreativer und kognitiver Prozesse ein, zu dem noch die für Grundschulkinder ohnehin typischen motorischen Schwierigkeiten hinzukommen (vgl. dazu auch »Alphabetisierung – Grundsätzliches«).

Auf dieses Zusammenspiel wollen wir unter dem Aspekt von *Schreiben* und *Reflexion* im folgenden genauer eingehen und dabei zeigen, inwieweit selbst ein Bewußtmachen grammatischen Regelwissens und der Vergleich zwischen den einzelnen Sprachen in das Gesamtkonzept des *Kreativen Schreibens* integrierbar sind.

Schreiben und Reflexion

Das Schreiben mit der Reflexion über die Sprache zu verbinden, zumal in einer fremden Sprache, stellt zweifellos eine gewisse Hürde dar, damit ist zugleich aber auch eine große Chance verbunden: Die dem Schreiben immanente Reflexion über Sprache zwingt auch den jungen Schreiber oder die junge Schreiberin zu einer intensiven und kohärenten Spracharbeit, die zu einer detaillierten Beschäftigung mit den verfügbaren Sprachmitteln führt.

Wie ich Geschichten schreibe?
Das ist doch kein Geheimnis!

Zuerst hab ich 'ne Idee:
Dann fallen mir die Wörter ein.
Dann tu' ich manche Wörter zusammen.
Dann bau' ich damit Sätze.
Dann schieb' ich die Sätze hin und her.
Und dann frag' ich den Xando, ob ihm
meine Geschichte gefällt.

Alles klar?

(Tonio, achtjähriger italienischer Junge; 3. Schuljahr in multinationaler Grundschule, Wiesbaden, auf die Frage einer Frankfurter Studentin, wie er vom *Clustern zum Textschreiben kommt*.)

»Einerseits verbindet sich das Schreiben mit einer gewissen Langsamkeit, andererseits unterstützt und fördert es einen gewissen Fokus auf die Form, auch auf die Genauigkeit und Korrektheit der Äußerung. Das erste kommt in vielem der natürlichen Tendenz der Lernenden entgegen.

Sprechen erfordert für sie oft eine rasche, zu wenig kontrollierbare Produktion. Der Imperativ der Geschwindigkeit drängt die Fremdsprachigen nicht selten zum Gebrauch der gerade zugänglichsten Sprachmittel, auch wenn sie nicht wirklich adäquat erscheinen, zwingt darüber hinaus oft zu andeutungsweisem abgebrochenem Sprechen.

Auf der anderen Seite erfordert das Schreiben eine Festlegung auf inhaltliche und formale Einzelheiten (die Schließung von Strukturen, die explizite Nennung von Gegenständen und Relationen usw.), was für die Lernenden oft schwer zu erbringen ist.

Die mangelnde Verfügbarkeit der entsprechenden Sprachmittel fällt im Sprechen viel weniger ins Gewicht, weil jede Aussage als nachträglich korrigierbar erscheint, demgemäß immer provisorisch gemacht werden kann.

Im Schreiben dagegen stehen die Lernenden vor der Notwendigkeit, ihren Sprachschatz entschiedener und systematischer auszuschöpfen, um der Anforderung des schriftlichen Ausdrucks gerecht zu werden. Langsamkeit des Schreibens und seine Tendenz zur Genauigkeit erleichtern, ja erfordern eine bewußte Auseinandersetzung nicht nur mit den mitzuteilenden Inhalten, sondern auch mit der Sprache« (Portmann 1991, S. 432).

4.4 Zur Koordination kreativer und systematischer Schreibphasen

Im Hinblick auf eine zu fördernde Reflexionsfähigkeit auch jüngerer Mutter- und Zweitsprachlerner müssen besondere Hilfen entwickelt werden, die eine sinnvolle Synthese mit kreativen Prozessen des Schreibens eingehen sollen.

Wie aber könnten solche Hilfen – insbesondere für eine interkulturelle Spracharbeit in der Grundschule – aussehen, die die Motivation zum Schreiben nicht gefährden und den Schreibfluß nicht unterbrechen?

Weiterführend scheint uns die im Schreibmodell von Hayes/Flowers vorgenommene Differenzierung nach *Ideenproduktion* und *Ideenorganisation* innerhalb der *Planungsphase* zu sein, in der bereits erste Strukturierungs- und Formulierungsversuche mit Hilfe operationaler Verfahren der Textproduktion (vgl. dazu Kapitel F) vorgenommen werden können, ohne daß ein erstes freies Assoziieren beeinträchtigt wird. Nach den ersten Brainstormingphasen haben wir beispielsweise in »didaktischen Schleifen« Grammatikstunden in Projekte integriert:

– Systematische Erweiterung und Differenzierung des im Cluster angelegten Wortschatzes.
  Am Beispiel unseres »Wut«-Projekts hat sich beispielsweise die Klärung begrifflicher Nuancen zwischen *Wut* und *Trauer* oder *Traurigsein* sowohl bei den Muttersprachlern als auch bei den Zweitsprachlernern als notwendig herausgestellt. In einigen Klassen wurden in Ergänzung zu »Wut«-Geschichten auch »Freude«-Geschichten nach der Methode des Clusterns geschrieben.
– Erarbeitung eines bilingualen bzw. mehrsprachigen Wortschatzes in den zentralen Begriffen und syntaktischen Mustern im Rahmen des Projekts.
  Bei dieser Arbeitsweise wird die Muttersprache ausländischer Kinder nicht nur sinnvoll in den Deutschunterricht integriert, sondern darüber hinaus kann sukzessive ein mehrsprachiges klassenspezifisches Lexikon erarbeitet werden, das den Schreibern selbst als »Nachschlagewerk« dienen kann und eine ausgezeichnete Vorbereitung für den Umgang mit dem Schüler-Duden oder anderen Hilfsmitteln darstellt.
– Einbettung bzw. Situierung des Wortschatzes in einfache syntaktische Muster (z.B. bei Einwortnennungen im Cluster) und Entfaltung dieser Muster durch operationale Verfahren der Textproduktion:

wütend
Marco ist wütend
Jetzt ist Marco wütend.
Jetzt ist Marco wütend, weil er
mitgehen muß.

Die mögliche Entwicklung des Textes durch operationale Verfahren muß dem Schreiber nicht bewußt sein. Der Originaltext von Marco lautet:

(Beispiel aus den Wut-Texten eines 2. Schuljahres in Nürnberg; Klassenlehrerin: Frau Iris Schloß; vgl. dazu Projektbeschreibung S. 110ff.)

Durch eine kleinschrittige Entfaltung einfacher Satzmuster in komplexere Satzgefüge ist es häufig gelungen, kausale Beziehungen, etwa durch die Konjunktion »weil«, in die schriftsprachliche Produktion bei Erst- und Zweitklässlern einzuführen und die Temporalkonjunktion »und dann ...« (die in dieser Altersstufe häufig noch als »Passepartout«-Konjunktion gebraucht wird) entsprechend zu differenzieren.

Interessanterweise erfolgte die Bewußtmachung der grammatischen Redemittel zuerst im Schriftsprachbereich und wirkte sich in der Folge auf die mündliche Kommunikation aus. Diese Beobachtungen werden auch durch Forschungen in der klassischen Fremdsprachendidaktik unterstützt.

»Offenbar haben gute Schreiber mehr Möglichkeiten, Äußerungsintentionen zu klären und zu ordnen sowie angepaßte Planungsschemata zu benutzen oder zu entwerfen; sie sind nicht an starre Muster gebunden und scheinen sich besser auszukennen in der Aufgabe, Anforderungen an den sprachlichen Ausdruck einzuschätzen oder entsprechend zu handeln. Dies deutet darauf hin, daß der gekonnte Umgang mit Problemen auf konzeptueller Ebene (also Mitteilungsabsichten, Mustern, Relationen, Normen kohärenten Ausdrucks usw.) auch für die Qualität *sprachlichen* Ausdrucks eine Rolle spielt (Portmann 1991, S. 426 f.).

– Reduktion komplexer sprachlicher Redeanteile: Beim Brainstorming neigen jüngere Kinder im Gegensatz zu Erwachsenen eher dazu, Geschichten bzw. Erlebnisse mit einem starken autobiographischen Anteil zu einem Schlüsselbegriff wie »Wut«, »Freude«, »1. Schultag«, »Meine beste Freundin/Mein bester Freund« etc. zu erzählen als etwa Abstrakta zu produzieren; aus diesem Grunde empfiehlt es sich auch, in der Brainstormingphase ein Tonband/eine Kassette mitlaufen zu lassen, um Grundschulkindern – im Sinne Paolo Freires – die eigene Sprachproduktion präsentieren und darauf aufbauend weiterarbeiten zu können.

Daß sich kreative Phasen des Schreibens mit Phasen der Reflexion und des systematischen Übens im interkulturellen Sprachunterricht abwechseln müssen, ist heute sicher unbestritten; dagegen ist die Frage der konkreten »Verzahnung« relativ offen – auch in den Klassen unseres Schulversuchs. Im Zweifelsfall haben wir uns im Rahmen des Schulversuchs immer zugunsten spontaner Äußerungen im Mündlichen wie im Schriftlichen entschieden und die Reflexion sowie Korrekturen im Anschluß an die ersten Texte angeschlossen. Primär wichtig war uns in jedem Fall, die Schreibmotivation unserer Schüler und Schülerinnen aufrechtzuerhalten. Nach unseren bisherigen Erfahrungen lassen sich derzeit im wesentlichen zwei Tendenzen feststellen, die wir durch folgende Schemata illustrieren (s. S. 77).

Die beiden Vorgehensweisen unterscheiden sich im wesentlichen darin, daß kreative Phasen des Schreibens – vom Brainstorming bis zum ersten zusammenhängenden Text – einmal *ungebrochen* durchlaufen (*Alternative A*) und zum anderen an den verschiedenen »Nahtstellen des Schreibprozesses« *durch reflexive Einschübe unterbrochen werden* (*Alternative B*).

Methode A scheint nach unseren bisherigen Beobachtungen besonders Kindern mit folgenden Sprachlernvoraussetzungen zugute zu kommen; dies sind:
– Kinder, die besonders phantasiebegabt und kreativ sind, bei denen also der Cluster als »Initialzündung« für den eigenen Text ausreicht; bei diesen Kindern verursacht

76

»Verzahnung« kreativer und systematischer Schreibphasen in 2 Modellen

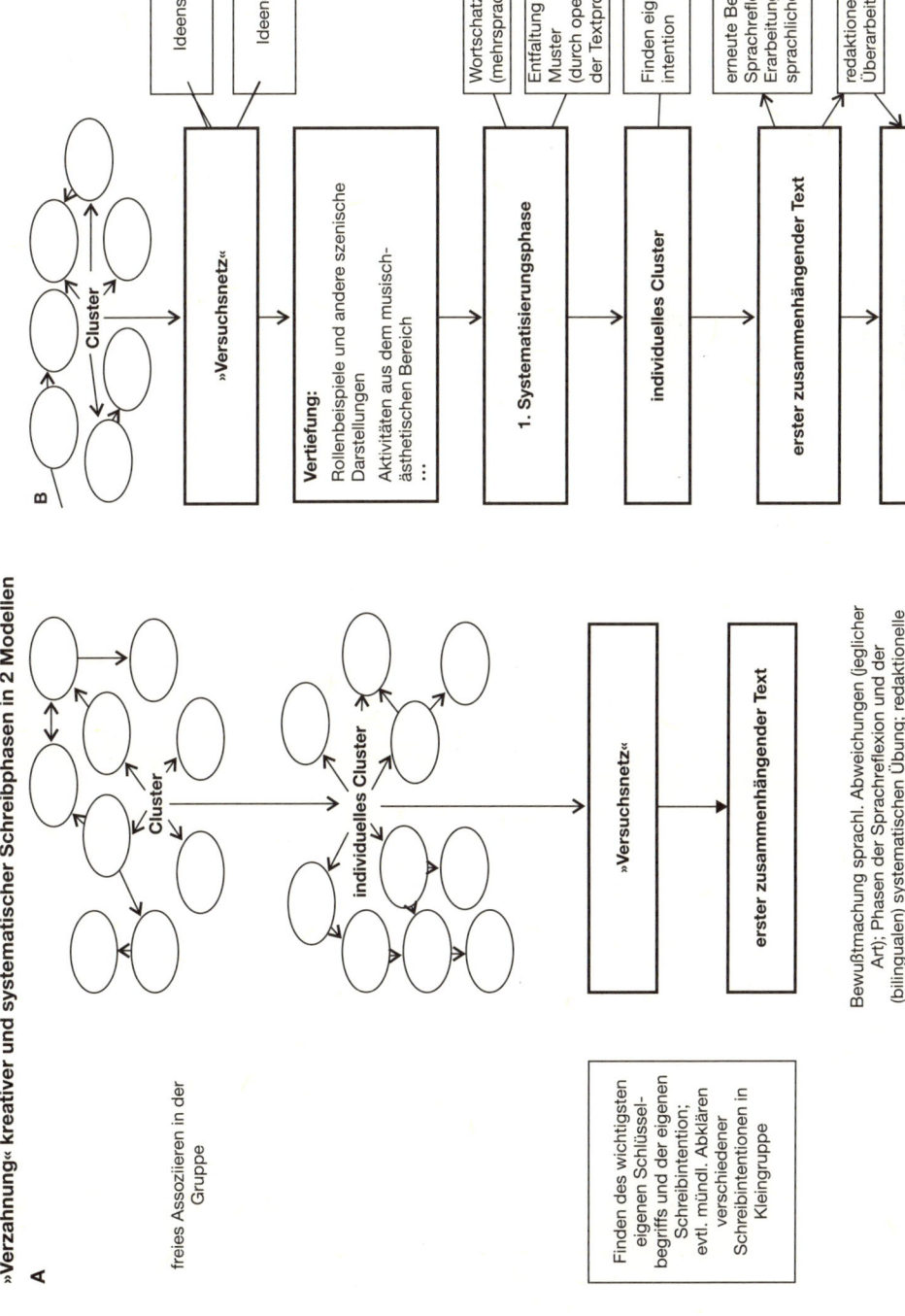

A

Cluster
individuelles Cluster
»Versuchsnetz«
erster zusammenhängender Text

freies Assoziieren in der Gruppe

Finden des wichtigsten eigenen Schlüssel-begriffs und der eigenen Schreibintention; evtl. mündl. Abklären verschiedener Schreibintentionen in Kleingruppe

Bewußtmachung sprachl. Abweichungen (jeglicher Art); Phasen der Sprachreflexion und der (bilingualen) systematischen Übung; redaktionelle Überarbeitung (und evtl. 2. Fassung des Textes)

B

Cluster
»Versuchsnetz«
Vertiefung:
Rollenbeispiele und andere szenische Darstellungen
Aktivitäten aus dem musisch-ästhetischen Bereich
…
1. Systematisierungsphase
individuelles Cluster
erster zusammenhängender Text
zweite Textfassung

Ideenstrukturierung

Ideenorganisation

Wortschatzdifferenzierung (mehrsprachig)

Entfaltung syntaktischer Muster (durch operationale Verfahren der Textproduktion)

Finden eigener Schreib-intention

erneute Bewußtmachung → Sprachreflexionen und Erarbeitung weiterer sprachlicher Alternativen

redaktionelle Überarbeitung

der Einschub sprachsystematischer Phasen nach dem Cluster geradezu eine Schreibhemmung;
– Kinder, die besonders schreibgehemmt oder -ungeübt sind, die sich schwertun, ihre Gedanken schriftlich zu fixieren, obwohl sie sich an mündlicher Kommunikation rege beteiligen; bei diesen Kindern würde die ohnehin vorhandene Schreibhemmung durch eine den Schreibprozeß begleitende Reflexion und Fehlerkorrektur noch verstärkt.

Bei dieser Variante ist die Lehrkraft vor allem gehalten, das Auftreten sprachlicher Abweichungen und Vertextungsschwierigkeiten kontinuierlich zu beobachten, um nach der kreativen Schreibphase eine gezielte, d.h. den individuellen Bedürfnissen entsprechende Sprachförderung anzuschließen. Zu diesem Zweck haben sich individualisierte *Anamneseverfahren* wie Schülerkarteien, Beobachtungsbögen etc. als wertvolle Hilfen herausgestellt.

Von *Methode B* profitieren nach Aussagen der am Schulversuch beteiligten Lehrkräfte vor allem solche Kinder, die im traditionellen Aufsatzunterricht als »erfolgreiche« und »gute« Schüler gelten. Bei durchgängig kreativen Schreibverfahren verhalten sie sich häufig desorientiert und lustlos, kommen »ohne genaue Anweisungen« nur sehr zögerlich über ein Brainstorming zum eigenen Text und empfinden den Cluster zuweilen als »überflüssige Spielerei«. Diese Gruppe von Schülerinnen und Schülern, die vielleicht durch schulische Vorerfahrungen und elterlichen Einfluß einen eher analytischen Zugang zur eigenen Textproduktion findet, scheint durch einen frühen Einschub reflexiver Phasen und systematischer Übungen zur Vor- und Nachbereitung des eigenen Textes besser gefördert zu werden.

Was unter allen Umständen vermieden werden muß, ist ein Ausschlagen des Pendels (wie wir es ja in der Geschichte der Sprachdidaktik zum wiederholten Male erlebt haben) zugunsten eines einseitig an Kommunikation und Kreativität oder aber ausschließlich an grammatischem Regelwissen orientieren Sprachunterrichts.[8]
   Ziel unserer Überlegungen ist eine an der individuellen Sprachlernbiographie orientierte Koordination kreativer und systematischer Schreibprozesse. Das schreibende Kind oder der schreibende Jugendliche sollen dadurch immer mehr Einsicht in die eigene Schreibprogression gewinnen, um sich allmählich immer komplexeren (Schreib-)Aufgaben mit Spaß und Sachkenntnis zuwenden zu können.

5. Schreibanfänge

Was ich Dir (immer) sagen wollte: ...

türk.: Her zaman sana ne söylemik istemiştim: ...
span.: Loque quería decirte: ...
ital.: Voleva dicerti questo: ...

---

8 Vgl. dazu Gabriele Pommerin (unter Mitarbeit von Ingrid Dietrich/Lutz Götze/Bernhard Weisgerber: Rückschlag des Pendels oder Ruhe nach dem Sturm? In: Pädagogik, 41. Jahrgang, Heft 2, 1989, S. 46–53.

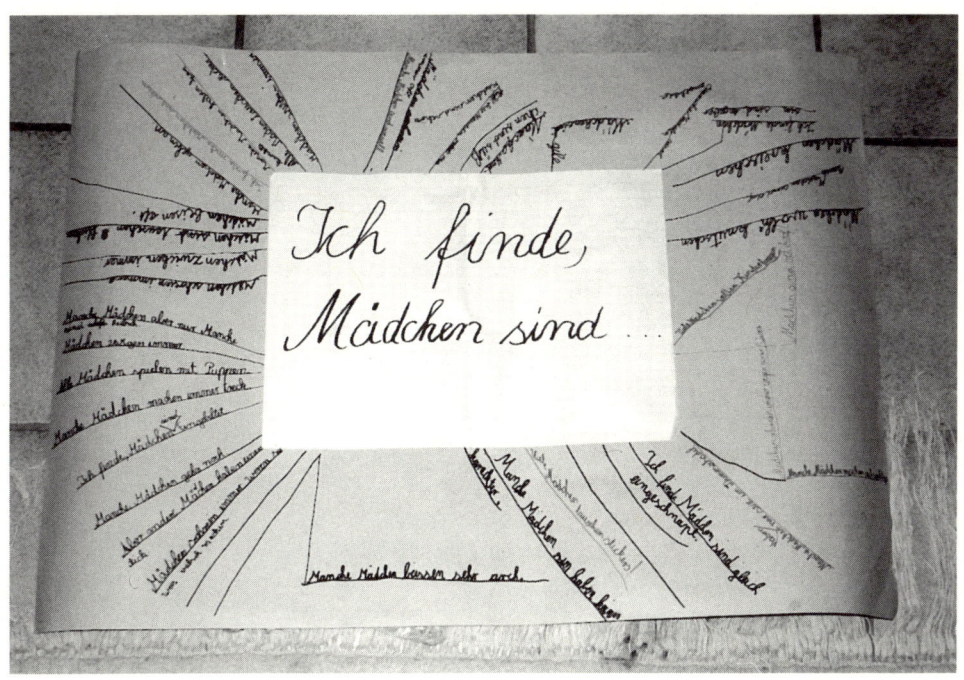

Wenn ich zaubern könnte, dann …

türk.: Eğer büyü yapabilmiş olsaydım, sonra …
span.: Si fuera brujo …

Für Jungen!

Wenn ich ein Mädchen wäre, …

türk.: Erkekler için!
        Eğer bir kız olsaydım, …
span.: Si fuera una niña (para niños) …

Wenn ich … wäre, …
türk.: Eğer … olsaydım, …
span.: Si fuera …

Wenn wir in die Türkei
          nach Spanien
          nach Italien
zurückkehren würden, …

türk.: Eğer Türk iye'ye geri dönmüş olsaydık, …
span.: Si volviésemos a España, …

Wenn wir in ein anderes Land ziehen würden, …

türk.: Eğer başka bir ülkeye taşınmış olsaydık, …
span.: Si fuéramos a otro país, …

Als Ausländer(in) würde ich …
             hätte ich …

türk.: Yabancı olarak … yapardım.
span.: Como extranjero (extranjera)
     haría …
     sería …

Mein Lebenslauf von A bis Z

türk.: A dan Z ye benim yaşamım
span.: Mi curriculum vitae

Aus dem Schoß schlüpfen

türk.: A ile başlayan uygun cümle, sözcük
span.: Al principio

B

C

D

Nach meiner Schulzeit
          Hochzeit
            …
werde ich …

türk.: Okul dönemimden sonra
      Düğünümden sonra
      …
      … yapacağım.

span.: Después de la escuela
               boda
   haré …

Nie wieder …!

türk.: Kesinlikle tekrar …!
span.: Nunca más …!

Endlich mal …!

türk.: Nihayet …!
span.: Finalmente …!

Wenn ich Millionär wäre, …

türk.: Eğer milyoner olsaydım, …
span.: Si fuera millonario

Für Mädchen!

Wenn ich ein Junge wäre, …

türk.: Kızlar için!
        Eğer bir erkek olsaydım, …
span.: Si fuera un niño (para niñas) …

Wenn ich groß bin, …
        erwachsen bin, …

türk.: Eğer büyürsem, …
span.: Cuando sea mayor …
ital.: Si sarei grande …

Wenn ich allein zu Hause bin, …

türk.: Eğer evde yalnızam, …
span.: Si estoy solo en casa …
ital.: Quando sto solo en casa …

6. Der Regenbogen ist … Wortbildungsverfahren im Spiel gelernt

Ist der Regenbogen

einer, der einen Bogen

um den Regen macht?

Ist der Wolkenkratzer

einer, der die Wolken

kratzt?

Ist der Zitronenfalter

einer, der die Zitronen

faltet?

7. Literatur als Anregung zum Selbstschreiben

Japanischer Holzschnitt

Ein rosa Pferd,
gezäumt und gesattelt –
für wen?

Wie nah der Reiter auch sei,
er bleibt verborgen.

Komm du für ihn,
tritt in das Bild ein
und ergreif die Zügel!

(Günter Eich)

Das bekannte Gedicht von Günter Eich macht auf sehr poetische Weise verständlich, wie aktiv der Leser oder die Leserin sein müssen, um einen literarischen Text verstehen zu können.

Selbstverständlich dienen literarische Texte in erster Linie dazu, den Heranwachsenden mit einem bestimmten Ausschnitt von Wirklichkeit zu konfrontieren, ihm etwas zu verdeutlichen, in Frage zu stellen, zu provozieren, aber auch Mut zu machen, kurz, ihn zum Nachdenken über sich und die Welt anzuregen.

Das könnte allerdings ein packend geschriebener Zeitungsartikel ebenfalls. Literatur zeichnet sich dagegen durch eine besondere Art der sprachlichen Komposition von Klängen, Wörtern und Sätzen aus. Viele Schriftsteller, die sich auch generell zum literarischen Schaffensprozeß geäußert haben, sprechen sogar von einer eigenen Wirklichkeit, die durch die Ästhetik der poetischen Sprache entsteht.

Die Lektüre literarischer Texte ist also keineswegs ein passives In-sich-Aufnehmen von Sprache, sondern ein höchst aktiver Vorgang der Wissensaneignung. Für Ingendahl bedeutet daher Verstehen konzentrierte Arbeit, für die man im Literaturunterricht bestimmte Methoden entwickeln muß (vgl. dazu Ingendahl 1991), und Kaspar Spinner spricht infolgedessen von einem *produktiven Literaturunterricht* (vgl. dazu Spinner 1993).

Möglichkeiten des produktiven Umgangs mit literarischen Texten sind nun:

– das Zu-Ende-Schreiben,
– Umformen,
– Collagieren literarischer Texte,
– Transformieren in eine andere Textsorte,
– Zerlegen
– oder Anreichern durch eigene Texte, Zeichnungen und Collagen.

Damit sind nun keineswegs die Ehrfurcht oder der Respekt vor dem Originaltext genommen, sondern die Machbarkeit, die spezifische ästhetische Struktur können auch für den ungeübten Leser nachvollziehbar werden. Literarische Texte sollen also keineswegs imitiert werden – dazu wären Grundschulkinder ebensowenig fähig wie die multinationalen Gruppen der Hauptschulen –, sondern sie dienen als *Anregung zum Selberschreiben.*

Im folgenden werden einige wenige literarische Texte und dazugehörige authentische Schülertexte aus multinationalen Grund- und Hauptschulklassen sowie aus einer deutschen Auslandsschule in Mexiko-City vorgestellt. Sie wollen vor allem anregen, selbst literarische Texte zu sammeln (vielleicht mit Hilfe einiger interessierter Schülerinnen und Schüler), um sie in der eigenen Klasse mit Verfahren des kreativen Schreibens auszuprobieren.

(Der Text des neunjährigen italienischen Schülers Roberto zu Kunerts Text »Wären die Menschen aus Papier ...« ist in der vom Schüler selbst korrigierten Fassung in unsere Dokumentation aufgenommen worden; eine Fehlerkorrektur erfolgte in späteren Phasen des Unterrichts.)

Wären die Menschen aus Papier, gäbe es viele
Schwierigkeiten.
Sie könnten zum Beispiel bei windigem
Wetter nicht auf
die Straße gehen, da sie weggeweht werden könnten.
So kämen sie nie dort an, wo sie hinwollten.

Günter Kunert, Maximaler Glanz. In: Ders., Camera Obscura. Frankfurt a.M. 1980, S. 57.

Wären die Menschen
aus Papier,
dann wären sie
        Papiermenschen
und sehr dünn!
Mansche könnten auch
ganze Bücher werden
Die wärn dann sehr gescheit.

Isch wär auch gern ein Buch!

Roberto, 9 Jahre alt

Wären die Menschen aus
Papier,
dann könnten sie durch
die Welt fliegen.
Das wäre schön!
Aber sie müßten aufpassen
bei Feuer.
Nicht rauchen, Leute!!!
Als Babies wären sie unbe-
schriebene Blätter.
Aber das würde sich bald
ändern, wenn man älter wird!
Schade!!!

Hülya, 12 Jahre

Günter Kunert:

Auf der Schwelle des Hauses
In den Dünen sitzen. Nichts sehen
Als Sonne. Nichts fühlen als
Wärme. Nichts hören
Als Brandung. Zwischen zwei
Herzschlägen glauben: Nun
ist Frieden

Günter Kunert. In: Camera Obscura. Frankfurt 1980.

In der Klasse sitzen.

Nichts sehen als

Bücher

Nichts hören als

Fragen

Nichts fühlen als

Hunger

Alle fünf Minuten

denken:

Wann

ist

Schluß?

Jasmin, 12 Jahre alt

1. WOHIN
   GEHEN
   DIE GETRÄUMTEN
   DINGE?

2. WER ALLES
   SCHRIE VOR FREUDE
   ALS DAS BLAU
   GEBOREN WURDE?

3. WENN ALL DIE FLÜSSE
   DOCH SÜSS SIND,
   WOHER HAT DAS MEER
   SOVIEL SALZ?

4. WARUM LEHRT MAN NICHT
   DIE HUBSCHRAUBER,
   AUS DER SONNE
   HONIG ZU SAUGEN?

5. WEN KANN ICH FRAGEN,
    WOZU
    BIN ICH AUF DIE WELT
    GEKOMMEN?

(Aus: Marty Brito: Wohin gehen die geträumten Dinge? Aus dem »Buch der Fragen« von Pablo Neruda mit
Antworten von Kindern aus Chile, Bremen 1993.
Bezugsadresse: Marty Brito, Saarlauterner Str. 38, 28211 Bremen, Deutschland)

Wohin gehen die geträumten Dinge?

Die lustigen gehen zu den
traurigen Menschen

11jähriges Mädchen aus Kroatien

Die schlimmen Träume quälen mich.
Dann wach ich angstgebadet auf.

Sabine, 13 Jahre, Aussiedlerin aus Rumänien

Werden sie vielleicht zur
Wirklichkeit? Mein Herz hofft es.
Aber nur die schönen Träume.
Und die schlechten? Wohin gehen
die? Nun, die bleiben meistens
in meinem Kopf und irren herum.

Rosalia, 14 Jahre, Mexiko

8. Visuelle Anregungen zum Schreiben

Selbstverständlich tragen Bilder, Skulpturen, Plastiken oder andere visuell erfahrbare Kunstwerke ihren Wert in sich, ähnlich wie die Literatur.

Wenn wir hier Beispiele visueller Kunst als Anregung zum eigenen Schreiben ausgesucht haben, dann nicht, um Kunst »pädagogisch umzufunktionieren«, sondern um die Vielfalt von Gefühlen, Assoziationen und Sichtweisen einzufangen, die von einem Bild auf verschiedene Betrachter ausgehen.

Am Beispiel des Figurenschreins »Beugung« von Jürgen Brodwolf verdeutlicht der Erziehungswissenschaftler Günter Otto die Diversifizierung von Sehweisen, zu der – nach Erkenntnissen vieler Kunstpädagogen – auch bereits sehr junge Kinder fähig sind. »Können wir beide nachvollziehen«, so fragt er, »was dem anderen einfällt? Oder müssen wir die Fremdheit der Assoziationen akzeptieren, weil sie subjektiv bedingt, biographisch vermittelt, gesellschaftlich determiniert sind? Je größer die Differenzen sind, um so wichtiger ist, daß wir uns gegenseitig erzählen, was wir denken, was wir fühlen, was wir erinnern« (Otto 1993, S. 73; vgl. dazu ebenfalls Herwarth/Spahn 1988).

Die Assoziationen, die von den Kindern unterschiedlicher ethnischer Herkunft im fächerübergreifenden Projektunterricht (Deutsch, Kunsterziehung, muttersprachlicher Unterricht) geäußert werden, dokumentieren, daß das Spektrum von Deutungen zu demselben Bild besonders in multinationalen Klassen auffallend breit ist.

Neben autobiographischen Anteilen weisen diese Texte auch interessante landes- und kulturkundliche Merkmale auf, ohne daß beide Momente ausdrücklich in der Aufgabenstellung gefordert worden wären.

»Was fällt dir zu diesem Bild ein?«
»Welche Gedanken, Gefühle und Erinnerungen kommen dir,
wenn du dieses Bild/diese Skulptur etc. betrachtest?«
»Schau dieses Bild lange und ruhig an; schreibe dann auf, was dir wichtig ist.«
»Vielleicht fällt dir zu diesem Bild auch eine Geschichte ein!«

Fragen und Aufforderungen dieser Art führen in der Regel nicht zu typischen Bildbe-
trachtungen, selbst bei Hauptschülern nicht, die diese Textsorte bereits kennen, sondern zu Clustern oder Assoziogrammen, die erst im zweiten oder dritten Schritt (nach
dem »persönlichen Versuchsnetz« Ricos) zu einem eigenen ersten Text verdichtet werden.

Die hier vorgestellten Zeichnungen stammen alle von Kindern zwischen acht und
sechzehn Jahren aus lateinamerikanischen Ländern. Sie sind im Rahmen verschiedener Schreibprojekte entstanden, die Gabriele Pommerin im Auftrag des Goethe-Insti-
tuts zwischen 1988 und 1992 in Argentinien, Brasilien, Uruguay und Chile durchgeführt hat. Unter der fremdkulturellen Perspektive »Komm, ich zeig' dir mein Land!«
haben die Kinder und Jugendlichen aus Lateinamerika einen Ausschnitt ihres eigenen
Landes gewählt und diesen zum Sujet ihrer Bilder gemacht.

»Wir möchten, daß die Kinder in Deutschland und Österreich neugierig werden auf
unser Land. Vielleicht besuchen sie uns mal. Auf jeden Fall können sie ihr eigenes
Land auch malen und uns diese Zeichnungen schicken!« – so die selbstgewählte Zielsetzung der Jugendlichen auf der anderen Halbkugel.

Zwischen einigen Klassen sind tatsächlich Zeichnungen, Fotos und Collagen ausge-
tauscht worden, in vielen anderen Klassen aber – auch außerhalb des Nürnberger

Schulversuchs – dienten diese Zeichnungen als Anlaß zum kreativen Schreiben. Diese
Anregung ließ sich ohne viele Mühen auch auf die Erstellung einer eigenen Fotoserie,
Poster oder ausgewählte Kunstbilder ausweiten, die sich wiederum zu einem selbstge-
fertigten Kalender (mit wechselndem Kalendarium) verarbeiten ließe (vgl. dazu den

multinationalen Kinderkalender »wo ich lebe«, der durch das Goethe-Institut in München zu beziehen ist).

Bei dem hier abgedruckten »Tiger-Text« handelt es sich um die selbstkorrigierte Fassung eines achtjährigen Jungen aus dem Süden Brasiliens, der zu der Zeichnung eines elfjährigen brasilianischen Mädchens aus der Amazonasgegend seine Impressionen aufgeschrieben hat.

> Der Tiger guckt so süß und
> traurig. Er wedelt mit der
> Pfote. Er sitzt im Urwald und
> hat sich versteckt. Manch-
> mal möchte er auch gerne
> fliegen. Aber er kann nicht.
> Deshalb ist er auch traurig.

Ramon, 8 Jahre alt

»Die Andenbahn«; 8jähriger Junge aus Mendoza, Argentinien, 1992

Die nachfolgenden Texte stammen von einem türkischen Mädchen, einem italienischen Mädchen, einem deutschen Mädchen und einem deutschen Jungen, die gemeinsam eine 1. Klasse einer Nürnberger Grundschule besuchen. Die ausgewählten Textbeispiele sind allesamt unkorrigierte Erstfassungen und weisen die für diese Altersgruppe und die sprachliche Herkunft typischen Abweichungen auf, die am Ende des Schreibprojekts korrigiert worden sind.

Türkisches Mädchen, 7 Jahre

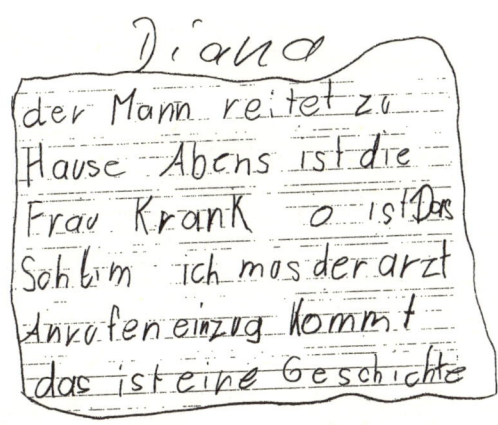

Diana

der Mann reitet zu
Hause Abens ist die
Frau Krank o ist Das
Sohlim ich mus der arzt
Anrufen einzug kommt
das ist eine Geschichte

Italienisches Mädchen, 7 Jahre

Der Zug fert und fert
Die Schienen Hirunter
Plödzlich Kracht
der zug Hirunter
auf das Haus
der Cowboy Sagt
O, Nein da ist meine
Mutter drin der
Cowboy fersucht
Sie zureten er
schaft es, Ende

Denni

Deutscher Junge, 7 Jahre

Susanne ♡
Der Zug ferbin ein
Dorf Ale Kiner Renen
Hin und brüsen sie und
Suchen ire be Kaden und
freuen sich und nemen sie
mid in ir Haus die eltern
freuen sich und Kochen
eine Supe und deken
Den Tisch Ale freuen
sich und ecen frölich
Alen schmekt es se gut

Deutsches Mädchen, 6 Jahre, 1. Schuljahr

93

Fotografieren Sie Kinder und Jugendliche in verschiedenen Situationen. Hier ergeben sich lohnende Anlässe zum Sprechen und Schreiben.

9. Schreiben nach Musik

Musik ist das Medium, welches unsere Sinne am stärksten anspricht. Sie drückt alle Gefühle aus und kann sie ebenso produzieren und variieren. Zur Musik gehören Klang, Melodie, Schwingung, Rhythmus, Körpergefühl, Bewegung, Tanz ... Sie bezieht den Menschen in seiner Ganzheit mit ein und kann deshalb auch bei der kreativen Textproduktion entscheidend mitwirken.

In der einschlägigen Fachliteratur findet man zahllose Beispiele für Kreativität, bei denen Kinder mit ihren Lehrerinnen und Lehrern die verschiedensten Textsorten »musikalisch unterlegen«. Dies geschieht von der Gruselgeschichte bis zur Naturlyrik.

Der umgekehrte Weg, aus musikalischen Impressionen kreatives Schreiben zu initiieren, wurde erst in den letzten Jahren häufiger beschritten, wahrscheinlich angeregt durch Übungen aus der Musiktherapie.

Schreiben nach Musik setzt beim Lehrer oder der Lehrerin, neben einem fundierten Fachwissen, ein besonderes Maß an Sensibilität, Kreativität und auch Flexibilität voraus. Sie/er sollte Selbsterfahrungen mit Musik, Meditation und Kreativem Schreiben haben.

Hier tut sich ein weites Feld für die Lehreraus- und -fortbildung auf.

Kinderlieder und Kreatives Schreiben

Dem bekannten Kinderliedermacher Fritz (Fredrik) Vahle war aufgefallen, »daß Kinder Lieder, die sie mögen, sehr gern ›weiterverarbeiten‹« (Vahle 1984, S. 36). Sie wollen zu den Liedern Bilder malen oder die Handlung des Liedes in Bewegung, Geräusch, Spiel und Tanz umsetzen. Sie sind nur zu gern bereit, neue Strophen zu dichten, die Geschichten aus den Liedern nach- und weiterzuerzählen. Vahle schlägt vier methodische Schritte für den sprachdidaktischen Umgang mit Kinderliedern vor:

A Vorbereitung des Liedes;

B Anhören und Singen des Liedes;

C Sprachübungen und Spracharbeit, die sich aus dem Umgang mit dem Lied ergeben;

D Anregungen zum »Weiterspinnen«, Spielen und Umsetzen des Liedes. (ebd., S. 37).

Interessant ist, daß er für die Phase A das »Assoziogramm« vorschlägt, bei dem ein zentraler Begriff oder eine Äußerung aus dem Lied den Schülern vorgegeben werden. Sie sollen spontan das aufschreiben, was ihnen dazu einfällt. Diese Einfälle werden dann zusammen mit dem Lehrer nach bestimmten Gesichtspunkten geordnet. Diese dem Clustern verwandte Methode hilft bei der Texterschließung des Liedes.
    Für uns ist die unter D gefaßte Phase der Weiterverarbeitung des Liedes die entscheidende:

– »Hinweise, wie man zu dem jeweiligen Lied neue Strophen erfinden kann;
– Anregungen zum Nach- und Weitererzählen einer Geschichte;
– Anregungen zum Vergleich mit eigenen Erfahrungen; zur Interpretation und Diskussion;
– Anregung zur Gestaltung von Spielen und Spielszenen anhand des Liedes« (ebd.).

Nicht alle Punkte und Schritte können bei jedem Lied ihre Anwendung finden. An den Liedbeispielen »Der Katzentatzentanz« und »Tanja« beschreibt er die praktische Umsetzung seiner Unterrichtsvorschläge.[9]

Clustern/Satzfragmente nach »Programm«-Musik

Betrafen die bisher erläuterten Techniken die Disziplinen Musik und Kreatives Schreiben, so tritt bei den jetzt folgenden die Meditation hinzu.

9 Lieder und Übungen sind 1984 bei Langenscheidt, München, als MC und Arbeitsbuch mit weiteren acht Liedern erschienen: »Paule Puhmanns Paddelboot – 10 Lieder zum Singen, Spielen und Lernen für den Deutschunterricht«.

»Die Meditation ist eine allgemeine Methode zur Bewußtseinsveränderung und Versenkung und eignet sich wie kaum ein anderes Verfahren dazu, sich für sich selbst und damit für seine Umwelt zu öffnen, selbstzerstörerische Verhaltensweisen abzubauen und seine emotionalen, kognitiven, sozialen und kreativen Fähigkeiten zu entfalten« (Pommerin 1993, S. 267).

Über Kleinformen des Unterrichts sowie Techniken der Entspannung und Verstärkung kann vielleicht mit Meditation nach Vorschlägen von Elisabeth Holand begonnen werden. Mit Kindern ist am Anfang höchstens eine Zeitspanne von fünf Minuten möglich. Holand empfiehlt Musik als Möglichkeit und Stimulans, eigene Gedanken auszusprechen oder einen eigenen Text zu schreiben bzw. vorzulesen. Diese Musikstücke sollten ohne Text sein (klassische Musikstücke, Synthesizermusik, spezielle Meditationsmusik aus den esoterischen Abteilungen der Buchhandlungen).

Konkret empfiehlt sie:

»Komm mit zur Quelle« – Poeplau/Edelkötter
»Die vier Jahreszeiten« – Vivaldi
»Cicada« und »Land of Enchantment« – Deuter
»Classic Fantasy« – Anugama
(vgl. dazu Holand 1993, S. 45ff.).

Andere Autoren schlagen aus dem klassischen Bereich als Programmusik vor:

»Die Moldau« – Smetana,
»Peter und der Wolf« – Prokofjew,
»Karneval der Tiere« – Saint-Saëns,
»Forellenquintett« – Schubert und
»Bilder einer Ausstellung« – Mussorgski.

Die Programmusik eignet sich wegen der klaren Gliederung in einzelne Sätze mit eigenen Überschriften, die dem Kind eine schnelle Orientierung und vielleicht auch schon Identifizierung mit Tierrollen, Pflanzen etc. ermöglichen.

Jürgen Schulmann und Gerhard Nickmann (1983) verkürzen aus unterrichtshygienischen Gründen die Musik. Alle Autoren weisen auf das »Zurücknehmen« der Meditationsteilnehmer am Ende der Übung hin, weil manche Personen sich in Trance befinden könnten.

Dieselbe Musik kann auch mehrmals verwendet werden:

»– mit Text unterlegt
– Bewegung zur Musik
– Malen nach Musik
– Formulieren freier Texte zur Musik«
(Holand 1993, S. 46).

Die Frankfurter Gruppe der Autorinnen (Pommerin u.a. 1993) beschreibt wie folgt die drei Phasen, die zur »Einmündung in kreatives Schreiben« (S. 268ff.) führen:

1. Konzentrieren auf die Musik,
2. Verdichtung von Assoziationen, Gedanken und Gefühlen führt zum Grundmaterial (ähnlich den Schlüsselwörtern) für die eigentliche Textproduktion,
3. Entstehen eines Textganzen.

Die Musik soll möglichst ohne Unterbrechung (mit eventuell wiederholten oder die gleichen Schwingungen und Stimmungen erzeugenden Stücken) maximal 45 Minuten laufen.

Musikalische Phantasiereise

Eine beliebte Methode zur Entwicklung von Kreativität stellen Phantasiereisen dar. Maureen Murdock (1989) stellt in ihrem Buch eine Vielzahl von Phantasiereisen dar, die ein ganzheitliches Lernen ohne Streß bei Kindern bewirken sollen. Wie eine solche Phantasiereise konkret aussehen kann, soll an folgendem Beispiel verdeutlicht werden:

Mein Heißluftballon

Organisation: Die Kinder legen oder setzen sich hin. Sie nehmen eine bequeme Haltung ein, in der sie fünf Minuten ausharren können.

> *Anweisung:* Schließe deine Augen, atme tief ein und aus. Spürst du den Atem? Atme ein – aus – ein – aus. … Stell dir vor, draußen steht ein Heißluftballon, du steigst in den Korb, und der Ballon trägt dich nach oben. Die Häuser werden immer kleiner. Alles ist still. Du fliegst übers Land und bist den Wolken ganz nahe. Du bist schon eine Weile unterwegs, der Ballon geht wieder zu Boden. Du landest, steigst aus und wirst freundlich empfangen. Du betrittst ein fremdes Land und erlebst ein Abenteuer. Nach einer Weile: Jetzt ist es an der Zeit, dich zu verabschieden und hierher zurückzukehren. Du kannst dich genau an dein Abenteuer erinnern. Ich zähle bis zehn, bei zehn öffnest du die Augen und bist hellwach. Wer will, darf uns sein Abenteuer erzählen.

Loska und Bleckwenn (1988) leiten ihre rein verbale »Phantasiereise« von der Gestaltpädagogik ab, die sich wiederum aus der Gestalttherapie entwickelt hat.
Nach folgenden Schritten ist die musikalische Phantasiereise strukturiert:

– Expositionsphase
– Übergangsphase
– Imaginationsphase
– Rückkehrphase
– Schreibphase (zuzüglich Malen bei jüngeren Schülern).

Sie exemplifizieren ihre Methode mit der »Rosenbusch-Phantasie«, die eine sehr stark »gelenkte Phantasie« (ebd., S. 26) darstellt, weil der Lehrer oder die Lehrerin durch verbale Impulse, Alternativfragen und andere Lenkungsmechanismen die Schüler in ihren Empfindungen zu stark steuern. Dies ist zwar gewollt, doch widerspricht es un-

Struktur der Reihe und Zuordnung der Teilbereiche des Sprachunterrichts zu den Einzelsequenzen

Im Vorfeld der Reihe: 1. Ausflug auf eine »Naturwiese« – Sammeln von Gräsern, Blumen und Kleingetier im Hinblick auf eine »Wiesenausstellung« im Klassenzimmer, 2. Gestalten der Ausstellung: Vorstellen und Beschriften der Ausstellungsgegenstände

Aufbau der Reihe – Themen der Einzelsequenzen	Umgang mit Texten	Mündlicher Sprachgebrauch	Schriftlicher Sprachgebrauch	Sprache untersuchen	Rechtschreiben
1. Wortfeldsammlung »Wiese« – Schreiben mit Musik	sich auf Texte einlassen – sich emotional ansprechen lassen (Phantasiereise)	sich anderen mitteilen – den Äußerungen anderer mit Anteilnahme begegnen	vgl. ausführliche Darstellung im Text	Wahrnehmen unterschiedlicher Realisierungen einer Äußerungsabsicht: Die Kinder reflektieren die Wirkungen gewählter sprachlicher Wendungen.	Für die spätere Arbeit stellt die Lehrerin die gesammelten Wörter in korrekter Schreibweise zusammen.
2. Fortsetzen des Geschichtenanfangs »Da ist eine wunderschöne Wiese« – mündliche und schriftliche Antizipation	sich auf Texte einlassen: Textbegegnung durch Vorlesen des Geschichtenanfangs: Die Kinder erfassen die Struktur des Textes: Sie gehen produktiv damit um, indem sie einen eigenen Schluß finden.	einander erzählen und einander zuhören: Die Kinder äußern Vermutungen, wie die Geschichte weitergehen könnte.	nach Vorgaben erzählen: Die Kinder setzen die Geschichte malend und schreibend fort.		Je nach Leistungsstand werden die Texte von der Lehrerin oder in Selbstkorrektur überarbeitet.
3. Vergleich der Kindertexte mit dem Bilderbuch: Diskussion über unterschiedliche Lösungen	sich auf Texte einlassen sich emotional ansprechen lassen Texte untersuchen: (Textvergleich) Texte werten Vertiefung des Textverständnisses	einander zuhören sich sachbezogen verständigen		Zusammenhänge zwischen Äußerungsabsicht und Äußerungsform entdecken	
4. Wortfeldsammlung »zerstörte Wiese« – Schreiben mit Musik		sich anderen mitteilen sich sachbezogen verständigen: Die Kinder stellen ihre Ergebnisse vor	Die Stunde verläuft analog zur 1. Wortfeldsammlung: Zur Einstimmung werden ein Bild sowie themenadäquate Musik verwendet.	Wahrnehmung unterschiedlicher Realisierungen einer Äußerungsabsicht: Die Kinder reflektieren die Wirkungen gewählter sprachlicher Wendungen.	Für die spätere Arbeit stellt die Lehrerin die gesammelten Wörter in korrekter Schreibweise zusammen.
5. »Ein Wiesentier erzählt« – Schreiben der Umweltgeschichte aus der Perspektive eines Wiesentieres	sich emotional ansprechen lassen Produktiver Umgang mit dem Text: Die Kinder schaffen Neues, indem sie die Geschichte aus einer anderen Perspektive schreiben Vertiefung des Textverständnisses	sich sachbezogen verständigen: Die Kinder planen ihre Texte im Partnergespräch den Äußerungen anderer mit Anteilnahme begegnen	vgl. ausführliche Darstellung im Text		Die Kinder verwenden die Wörtersammlung auch als Rechtschreibhilfe.
6. »Schreibkonferenzen« zur Überarbeitung der Geschichten im Hinblick auf ihre »Veröffentlichung« im Rahmen eines klasseneigenen Buches		einander zuhören: Die Kinder lesen sich gegenseitig ihre Texte vor; sich sachbezogen verständigen: Die Kinder diskutieren ihre Texte unter dem Gesichtspunkt der Schreibhinweise	Texte anderer und eigene Texte aufgrund der Schreibhinweise überprüfen: Schülertexte aufgrund der Planung und der Überprüfung sprachlich überarbeiten	Zusammenhänge zwischen Äußerungsabsicht und Äußerungsform entdecken	Selbständigkeit in der Rechtschreibung erwerben: Die Kinder wenden Verfahren wie Nachschlagen. Fremd- und Selbstkorrektur an.

seren Zielsetzungen der freien Textproduktion, auch wenn die Autoren mit respektablen Ergebnissen aufwarten.

Es stimmt zwar, daß auch musikalische Phantasiereisen einer gewissen Lenkung durch eine erfahrene Lehrkraft bedürfen, wichtig bleibt aber ein möglichst großer Freiraum.

Ausgehend vom Bilderbuch »Da ist eine schöne Wiese« (W. Opgenoorth/W. Harranth, Ravensburg 1988) schildert Annette Heinz (1992) »Schreiben mit Musik« an Beispielen, die einen integrativen Sprachunterricht in sechs Schritten zeigen, wie die Synopse auf S. 99 verdeutlicht.

In »Phantasiereisen im Unterricht« führt Juliane Hochherz (1994, S. 56) mit einer Geschichte von einem Samenkorn, das sich zu einer Pflanze »entfaltet«, auf eine Phantasiereise mit Musik. Die Kinder hören mit geschlossenen Augen dem von Pausen unterbrochenen Vortrag, der Lehrerin zu. Schließlich soll jedes Kind vor seinem »inneren Auge« ein Bild entstehen lassen. Die Kinder kommen zu unterschiedlichen Ergebnissen (Baum, Rose, Sonnenblume, Strauch ...). Sie sprechen darüber, lassen aber die Bilder der anderen stehen.

Band 3 der Reihe »Wege des Staunens« trägt den Titel »Phantasiereisen« (Vopel, Hamburg 1992), von denen 47 ohne Musikunterstützung auskommen. Nur die Übung »Safari« (ebd., S. 48) will durch Musik (z.B. Berlioz' Ouvertüre zu »King Lear«) die Phantasie der Schüler und Schülerinnen zusätzlich stimulieren. In einer vom Kind gewählten Landschaft (Regenwald, Dschungel, Steppe, Phantasielandschaft ...) treffen die Kinder auf verschiedene Tiere. Mit einem dieser Tiere sollen die Kinder sprechen und es fragen, was dessen Stärken seien, worin sein Geheimnis läge, ob es schlimmen Situationen gewachsen sei und überleben könne. Die Kinder sollen die Antworten des Tieres hören und über die Wunder der Natur staunen (ab 10 Jahren). Vopel verlangt von seinen Übungsteilnehmern nicht mehr. Doch nach unserer Auffassung könnte jetzt durchaus ein fruchtbarer Schreibprozeß beginnen, weil die Phantasie der Kinder bereits in Gang gesetzt ist.

E Schreibprojekte oder Schreiben in Projekten

1. Projektarbeit – Annäherung an einen Begriff

Merkmale von Projektarbeit

– Projektarbeit ist *situationsbezogen* und zugleich *problemorientiert:* Dabei wird der Erwerb kognitiver, affektiver und praktischer Erfahrungen aus ganz alltäglichen Situationen ermittelt und entwickelt.
  Beispiele:
  Ist Fernsehen schädlich? – Wie bunt ist unser Stadtteil? – Wieviel Grün brauchen wir? – Sind alle Menschen Ausländer? – Warum sind Räder rund? – Machen Drogen frei?
– Projektarbeit orientiert sich an den *Interessen* und an den *Lebenserfahrungen* der Beteiligten: Die Lebensumstände der Schüler bilden den Erkenntnisrahmen des Projektes.
– Projektarbeit ist *handlungsorientiert:* Der Schüler erfährt sich als aktiver Teilnehmer, der gemeinsam mit den Mitschülern und dem Lehrer bzw. den Lehrern plant, lernt und reflektiert.
– Projektarbeit gedeiht im Wechsel zwischen *Offenheit* und *Planung,* der sich aus jeder Projektphase und deren Reflexion ergibt.
– Projektarbeit ist *praktisches Lernen* unter *Einbeziehung vieler Sinne und Handlungen* (Sehen, Hören, Riechen, Tasten, Schmecken, Fühlen, Meditieren, Schreiben, Malen, Gestalten ...).
– Projektarbeit ist *soziales Lernen:*
  kommunikative Arbeitsformen; Selbst- und Mitverantwortung; Konfliktfähigkeit; Dialogfähigkeit.

2. Versetzung

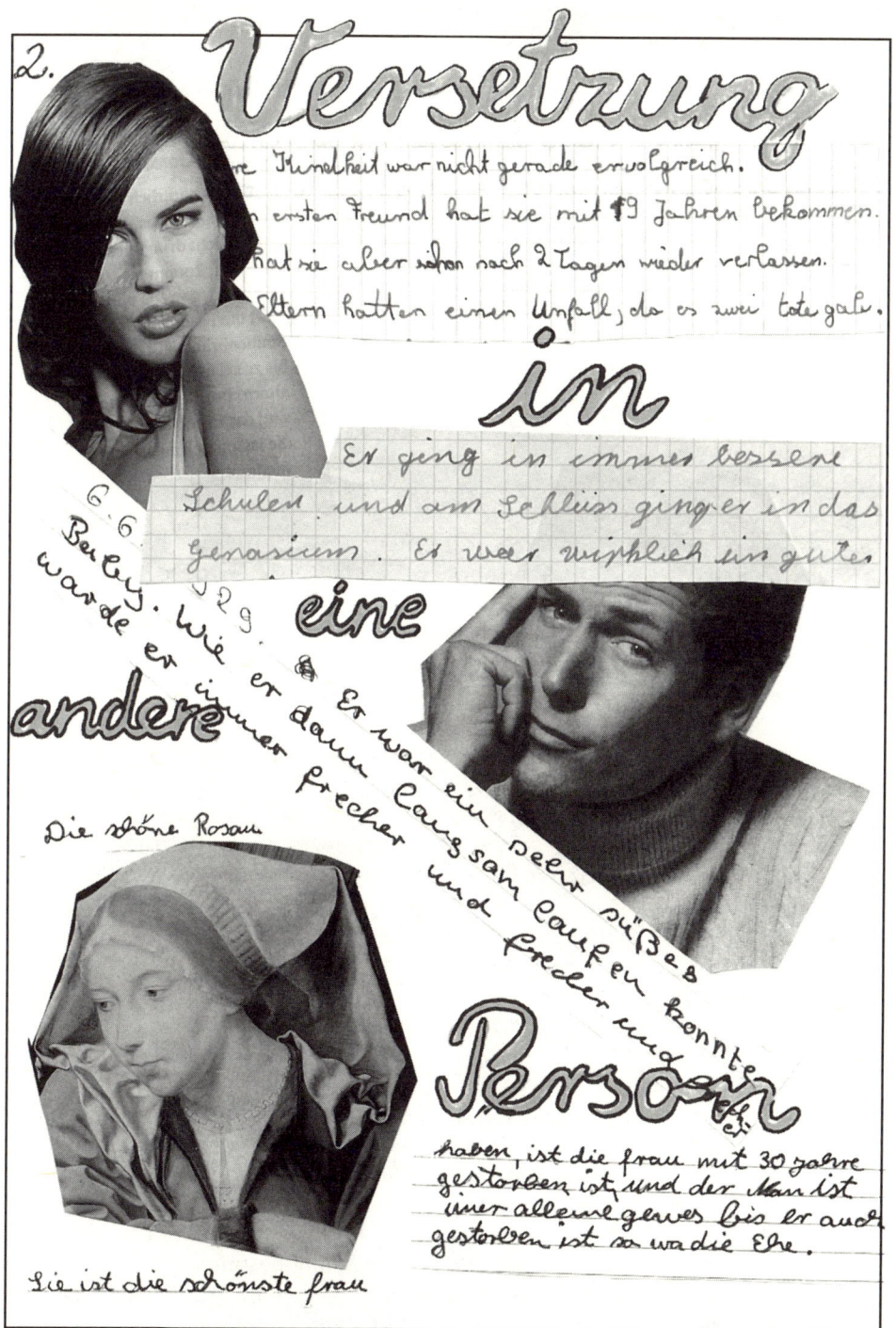

2.

Versetzung

...re Kindheit war nicht gerade ervolgreich.
...n ersten Freund hat sie mit 19 Jahren bekommen.
...hat sie aber schon nach 2 Tagen wieder verlassen.
...Eltern hatten einen Unfall, do es zwei tote gab.

in

Er ging in immer bessere
Schulen und am Schluss ging er in das
Genasium. Er war wirklich ein guter

eine

6.6
Berley. Wie
029.
wurde er immer
war de er immer frecher
Es war ein sehr süßes
dann langsam laufen konnte
und frecher und

andere

Die schöne Rosau

Person

haben, ist die frau mit 30 Jahre
gestorben ist, und der Man ist
imer alleine gewes bis er auch
gestorben ist so wa die Ehe.

Sie ist die schönste frau

103

- Projektarbeit *durchbricht die Organisationsform des Regelunterrichts:* Um der Komplexität eines Themas gerecht zu werden, bedarf es der Organisation über den 45-Minuten-Takt hinaus; wird der Ort Klassenzimmer eingetauscht gegen den Ort Stadtteilzentrum, Bibliothek, Tierheim oder Teich; löst sich der Klassenverband auf, wenn nach einer differenzierten Antwort auf individuelle Fragestellungen gesucht wird.
- Projektarbeit ist *interdisziplinär:*
  Von seinem situativen Ansatz her beansprucht der Projektunterricht, sich der Komplexität von Lebenszusammenhängen zu stellen. Dies ist nur gegeben, wenn die Profilierung einzelner Fächer zugunsten einer fächerübergreifenden Zusammenarbeit zurücktritt.
- Die Ergebnisse der Projektarbeit werden *an der Wirklichkeit* überprüft. Damit führen Projekte zu der Lebenspraxis zurück, aus der sie gekommen sind.

Projektarbeit mit ausländischen und deutschen Schülern

- Projektarbeit kann Probleme ausländischer Schüler thematisieren (z.B. Identität, Ausländerfeindlichkeit, Rollenverhalten).
- durch Projektarbeit können Gemeinsamkeiten und Unterschiede hinsichtlich kultureller Vielfalt, Werten und Lebensformen ermittelt, artikuliert und konfliktlösend bewältigt werden.
- die verschiedenen Organisationsformen der Projektarbeit erfordern mehr als der Regelunterricht die Anwendung und Reflexion kommunikativer Strategien und Sprachhandlungsstrategien.
- Projektarbeit ermöglicht ausländischen und deutschen Schülern eine gemeinsame Einschätzung und Beurteilung von (individueller) Leistung und Progression.
- Projektarbeit ist die organisatorische Entsprechung des Vermittlungsversuchs zwischen deutschsprachlichem und muttersprachlichem Unterricht.
- Projektarbeit mit deutschen und ausländischen Schülern impliziert Sprachunterricht als konkreten Prozeß sprachlichen Handelns, der grammatische Phänomene integriert.
- Projektarbeit bietet deutschen und ausländischen Schülern die Möglichkeit, sich insbesondere in den sprachlichen Fähigkeiten und Fertigkeiten zu üben, in denen sie Schwierigkeiten haben.
- planvolles Sprachhandeln innerhalb der Projektarbeit erfolgt immer unter dem Aspekt des (unterschiedlichen) *vorhandenen* und des zu *erreichenden* Sprachstands der ausländischen Schüler.
- Projektarbeit mit deutschen und ausländischen Schülern impliziert fachimmanente Projekte im Rahmen des Deutschunterrichts. Die Themen orientieren sich an den individuellen Sprachlernbedürfnissen der Schüler; Organisation und Durchführung erfolgen unter den genannten Merkmalen der Projektarbeit. Derartige Projekte eignen sich in besonderem Maße dazu, kreative und systematische Prozesse sprachlichen Handelns zu verbinden und unter Anwendung bestimmter Verfahren (z.B. operationale Verfahren der Textproduktion und -rezeption wie Ersatzprobe, Umstellprobe, Erweiterungs- und Weglaßprobe, Klangprobe) bewußtzumachen.

Projekt: Versetzung in eine andere Person
Projektphasen / Verfahren des Kreativen Schreibens   1. Gesprächskreis: Lebensgeschichten der Schüler   2. Cluster: Lebensgeschichte   3. Textproduktion: Versetzung   4. Textanalyse, Autoreninterview   5. Systematisierung: Erweiterungs- und Ersatzprobe   6. Schreibwerkstatt: Überarbeitung der Texte   7. Lesen von Biographien über Dichter; Abgrenzung zur Autobiographie (der Schüler)   8. Rollenspiele zu Schlüsselbegriffen   9. Buchproduktion: Lebensgeschichten   10. Gesprächskreis: Projektauswertung
Aspekte des Sprachunterrichts   Verknüpfung von Kreativem Schreiben und systematischer Spracharbeit unter Berücksichtigung der Aspekte: Zweisprachigkeit, Bewußtmachung von Grammatik und individuelle Schreibprogression
Einbeziehung des muttersprachlichen Unterrichts   Erstellen eines Clusters mit anschließender Textproduktion entsprechend dem deutschsprachigen Unterricht; ebenso entsprechend Bearbeitung von Wortfamilien und Wortfeldern (z.B. Jugend – gençlik); Lesen von Biographien türkischer Autoren und Autorinnen

Lernziele	
Schriftlicher Sprachgebrauch:	– Erfundenes Geschehen darstellen
Mündlicher Sprachgebrauch:	– Informationen, Auskünfte, Meinungen erfragen bzw. erteilen
	– Authentische und fiktive Lebensgeschichten erzählen
	– Gespräch und Diskussion als Unterrichtsform
	– Rollen sprechen und darstellen
Sprachbetrachtung:	– Wortfamilien und Wortfelder
	– Satzteile und ihre Leistung erkennen anhand operationaler Verfahren; Ersatzproben (bei Satzmustern) durchführen
Rechtschreiben:	– Besonderheiten der Rechtschreibung
	– Wörter nachschlagen
	– Geläufig und gut lesbar schreiben
Lesen:	– Biographien lesen und bewerten

Rahmenbedingungen
6. Jahrgangsstufe einer Nürnberger Modellklasse – 22 Schüler – 10 türkische (4 weibliche, 6 männliche) Schüler – 1 serbischer Schüler – 1 italienischer Schüler – 10 deutsche (8 weibliche, 2 männliche) Schüler

Projektphasen

1. Gesprächskreis

Die Schüler erzählen sich, im Kreis sitzend, ihre eigenen Lebensgeschichten mit Höhen und Tiefen; im Anschluß daran werden sie aufgefordert, die Geschichte eines *anderen* Schülers fiktiv fortzusetzen; Bewußtmachung der Genusänderung durch andere Nomina bzw. Personalpronomina!

2. Cluster

Erstellen eines Clusters »Lebensgeschichte«; die Schüler assoziieren Begriffe zu den einzelnen Lebensstufen.

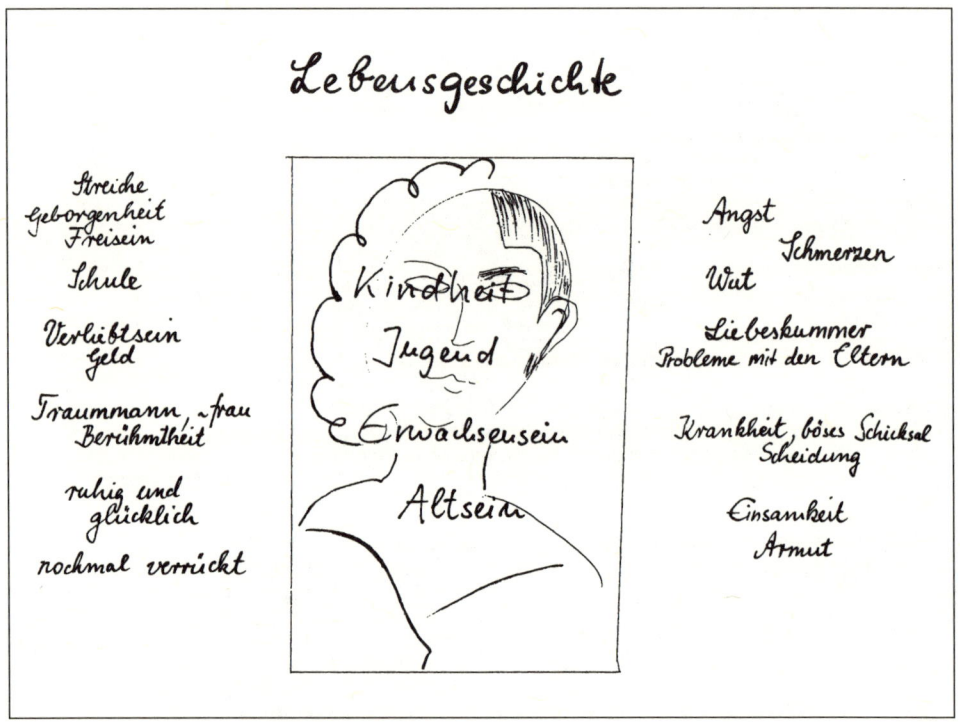

3. Erster zusammenhängender Text

aufgrund eines selbstgewählten Fotos einer beliebigen Person (aus einer Illustrierten), in die sich die Schüler versetzen. Manche Schüler versetzen sich auch gern in das andere Geschlecht!

4. Textanalyse, Autoreninterview

In den Gruppen werden anhand *eines* exemplarischen Beispiels der Autor/die Autorin zum Inhalt befragt; erste Ergänzungs- bzw. Änderungsvorschläge werden eingebracht.

5. Systematisierung

Ausgehend von individuellen Problemen im Deutschen von Schülern unterschiedlicher Herkunftssprachen, wird die systematische Spracharbeit flexibel entweder in die

Überarbeitungsphasen integriert oder zum Ausgangspunkt für Sprachbetrachtung gemacht. Angewandt werden die Methoden operationaler Verfahren wie die Erweiterungsprobe bzw. die Weglaßprobe oder die Ersatzprobe.

<u>Erweiterungsprobe</u>

Ingrid wurde geboren.

Ingrid wurde (am 16.3.1968) geboren.

Ingrid wurde (am 16.3.1968) (nahe Hamburg) geboren.

<u>Ersatzprobe</u>

Sie war mit ihm zwei Jahre zusammen.

wer ?	war mit	**wem ?**	zwei Jahre zusammen.
Ingrid	war mit	Hase	zwei Jahre zusammen.
Susanne	war mit	ihrem Freund	zwei Jahre zusammen.
Das Mädchen	war mit	meinem Bruder	zwei Jahre zusammen.

6. Schreibwerkstatt

Die Erstentwürfe werden in Partner- oder Gruppenarbeit überarbeitet; die gewonnenen grammatischen Erkenntnisse werden als Überarbeitungsschwerpunkt formuliert. Rechtschreibfälle werden an der Wandzeitung fixiert und anschließend analysiert, zugeordnet und besprochen.

7. Lesen einer Biographie

Innerhalb dieses Projekts wird aus aktuellem Anlaß auf die Biographien Johann Peter Hebels und Nasreddin Hocas (in der Überlieferung) zurückgegriffen.

8. Vertiefung

Die »Versetzung« wird durch szenische Darstellung von Höhepunkten bzw. Tiefpunkten auf unterschiedlichen Lebensstufen vertieft.
   Mögliche Beispiele:
   Streit – dargestellt in der Rolle von Kindern, Jugendlichen, Erwachsenen, Greisen …; entsprechend Freude, Wut, Trauer etc.

9. Endfassung der Texte mit Fotos unter dem Aspekt der Buchproduktion

Den Schülern ist es freigestellt, mit der Hand oder auf der Schreibmaschine zu schreiben. Wichtig: In der Schule, in »Werkstattatmosphäre«, arbeiten – nicht zu Hause fertigstellen lassen!

10. Reflexion

des Projekts unter sprachlichen und sozialen Aspekten; die Reflexionsphase bietet sich u. a. dazu an, die Möglichkeiten des Formulierens eigener Wunschvorstellungen und Träume durch Schreiben bewußtzumachen; entsprechend die der Verarbeitung negativer Erlebnisse, wie z. B. Scheidung der Eltern, Angstgefühle etc.

Hilfen für die eigene Projektgestaltung

Material: Als Einstieg in das Verfahren empfiehlt es sich, den Schülern Illustrierte zur Verfügung zu stellen, aus denen sie »ihre« Person auswählen können. Weiterhin bietet sich an, *ein* Foto (z. B. Portrait einer alten Bäuerin/eines alten Bauern) als Vorgabe für alle Schüler auszuwählen. In Verbindung mit Kunsterziehung könnte ein Gemälde aus der Kunstgeschichte (Degas: Tänzerin; Otto Dix: Eltern auf dem Sofa; Dürers Mutter …) als Vorlage dienen. Die Versetzung in eine »Kunstperson« ist allerdings weit schwieriger, da sie weniger Identifikationsmöglichkeiten bietet.
   Biographien: Im Lesebuch »Lesestraße 7«, Lesebuch für die 7. Jahrgangsstufe, Ausgabe B, Bayerischer Schulbuch-Verlag, finden sich etliche brauchbare Kurzbiographien unter dem Titel »Über die Autoren« (S. 305–312).
   Biographien über Persönlichkeiten der Weltgeschichte finden sich in den Bänden »Große Männer der Weltgeschichte« – »Große Frauen der Weltgeschichte«, Verlag Sebastian Lux, Murnau, München, Innsbruck, Basel. Für Schüler interessant sind Biographien von Popstars, z. B. Jimi Hendrix oder John Lennon.

Versetzung: Mathias (12 Jahre) …

.. in …

Ingrid wurde am 16.3.1968 im Krankenhaus ~~der~~ nahe Hamburg geboren. Ihre Kindheit verlief fast gut, weil als sie 6 war und
gerade eingeschult wurde starb ihr Vater
an Krebs. So war sie eine lange Zeit sehr
sehr traurig und schrieb nur schlechte
Noten in der Schule. Sie blieb sitzen.
Als sie 14 war kam ein Junge in ihr Leben,
sie war zwei Jahre mit ihm zusammen.
Dann fuhr er mit seinen Eltern nach Kana-
da. Mit 17 fuhr sie das erste Mal nach
America. Sie blieb dort 2 Jahre. In der
Zeit hatte sie den Sänger von Blue Man-
~~dner Haxe~~
Sie verlobten sich und Ingrid wurde
schwanger. Sie bekam einen Sohn und
nannte ihn Domenic. Sie flogen alle zusammen nach Deutschland und erarbeiteten
sich eine Wohnung. Ihr Sohn und Ihr
Mann ~~hatten~~ haben eine Krankheit die
~~sie~~ alle zwei Jahre sehr schlimm ist.
Aber sie muß es so nehmen wie es ist.
~~Jetzt~~ ~~Es~~ Sie wünscht sich sehr das die
Krankheit ~~es~~ bald weg ist. Sie kann nichts
tun, außer hoffen. Dann hatte sie einen guten
Job als Model und es ging mit der Karriere
aufwärts. Davon konnte ihr Mann nichts
sagen, aber er hatte eine neue Band mit
~~ses~~ Mähnen Mad-To~~r~~ngues. Sie lebten
alle drei ~~nes~~ noch ein gutes Leben
ohne ~~sie~~ Schwierigkeiten.

.. Ingrid !

Name: Ingrid Cooleman

Geb.: 16.3.1968

3. Projekt: Manchmal krieg' ich die Wut

Projektphasen/ Verfahren des Kreat. Schreibens	– Schreibanlaß »Wutmännchen«, gemeinsames und individuelles Cluster – Wie verhalte ich mich, wenn ich wütend bin? – Meine Wutgeschichte – erster zusammenhängender Text – Literar. Beispiel: Eleni Torossi: »Die bunten Wutpakete« (Aus »Tanz der Tintenfische«) Mein Wutpaket – Schreiben nach einer lit. Vorlage
Schwerpunkte: Aspekte des Sprachunterrichts und fächerübergreifende Aspekte	– Temporal-/Konditionalkonstrukti on: »Wenn ich wütend bin, dann ...« – Sammlung von treffenden Begriffen für den Gefühlszustand »Wut« in Wortfeldern und Sinnbezirken – Sozialkunde: Warum werde ich manchmal wütend? Wie gehe ich mit meiner Wut um?
Lernziele	Lesen: – Aus Texten selbständig Informationen gewinnen – Wiedergeben der Kernaussage eines Textes Sprachbetrachtung: – Einblick in die Möglichkeit der Wortbildung – Wortfamilien Mündlicher Sprachgebrauch: – Erlebnisse interessant und genau erzählen Schriftlicher Sprachgebrauch: – Erlebnisse lebendig darstellen Heimat- und Sachkunde: – Grundformen des Miteinanders in der Schule erfahren – Bedeutung sozialen Verhaltens einsehen
Einbeziehung des muttersprachlichen Unterrichts	»Wut«-Geschichten in der Muttersprache schreiben und lesen
Rahmenbedingungen	Art der Klasse: 2. Jahrgangsstufe einer Nürnberger Modellklasse Nationalitäten: 7 türk., 1 griech., 1 Aussiedler und 10 deutsche Kinder Angaben zum Geschlecht: 8 Jungen, 11 Mädchen

Projektverlauf

Schreibanlaß »Wutmännchen«

Zur Zeichnung eines »Wutmännchens« wurden sowohl in einem gemeinsamen als auch in einem individuellen Cluster Assoziationen zum Begriff »Wut« gesammelt.

Wie verhalte ich mich, wenn ich wütend bin?

Die Kinder versuchten, im Rollenspiel darzustellen, wie sich Wut auf das menschliche Verhalten auswirkt.

Danach wurde im Gesprächskreis nach Ursachen von Wut gesucht. Genannt wurden hauptsächlich Gründe wie ungerechte Behandlung durch andere, Bevormundung durch Erwachsene, Enttäuschung durch Freunde.

110

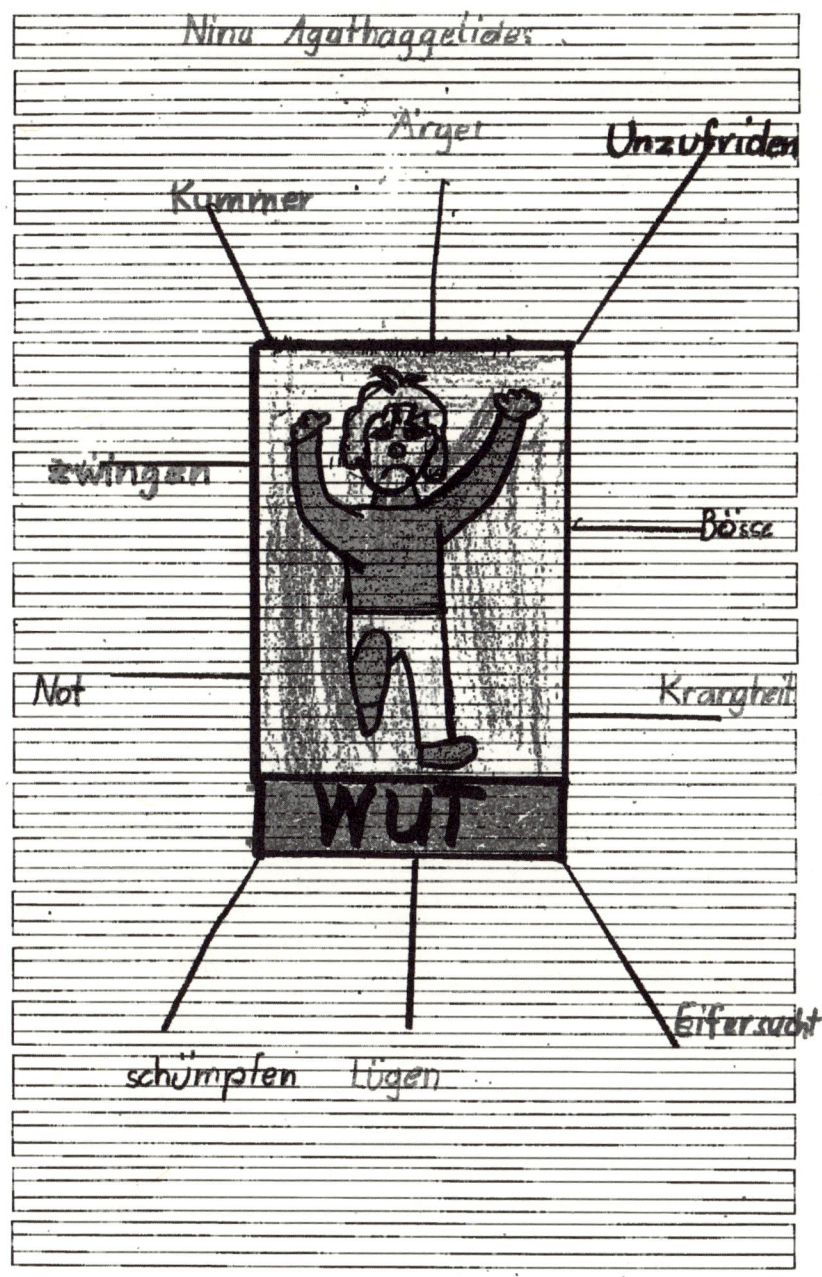

Anschließend wurden alternative Verhaltensmuster wie »miteinander reden«, »Aggressionen vermeiden und abbauen« herausgearbeitet und im Rollenspiel erprobt.

Als Vorbereitung auf den ersten zusammenhängenden Text wurde im Sprachunterricht die Temporal- bzw. Konditionalkonstruktion »Wenn ich wütend bin, dann ...« eingeführt und geübt.

Meine Wutgeschichte

In dieser Phase verfaßten die Schüler erste Geschichten, die meist auf eigenen Erfahrungen aus ihrer persönlichen Umwelt beruhten. Einige Kinder erfanden aber auch reine Phantasietexte.

Nach dem Schreiben lasen sich die Schüler im Gesprächskreis ihre Texte gegenseitig vor, diskutierten über den Inhalt und gaben sich Anregungen zum besseren Verständnis.

Eine grammatische und orthographische Korrektur fand zu diesem Zeitpunkt (Mitte der 2. Jahrgangsstufe) noch durch die Lehrerin statt.

Am Ende der Überarbeitung wurden die Texte durch Zeichnungen der Schüler ergänzt und verschönert.

Aus den Kindertexten entstand schließlich das »Wutgeschichtenbuch der Klasse 2a.«

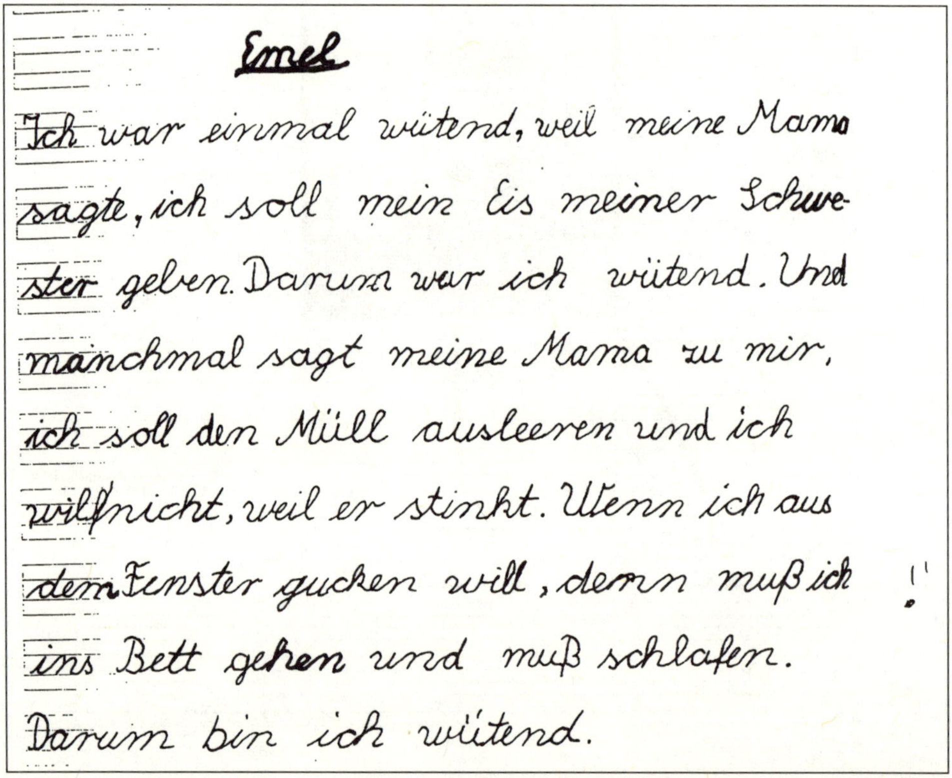

Emel

Ich war einmal wütend, weil meine Mama sagte, ich soll mein Eis meiner Schwester geben. Darum war ich wütend. Und manchmal sagt meine Mama zu mir, ich soll den Müll ausleeren und ich will nicht, weil er stinkt. Wenn ich aus dem Fenster gucken will, denn muß ich ins Bett gehen und muß schlafen. Darum bin ich wütend.

30. Januar 1992

    Ramona

Ich war einmal mit meiner Freundin am Spielplatz. Übrigens, ich heiße Franz. Und wir spielten Ball. Da kam noch ein Bub. Und fragte: "Kannst du mit mir spielen?" Und Susi antwortete ja. Und sie ließ mich stehen. Da war ich sehr wütend. Und ich sah den Kindern zu. Franz, Franz was war ich jetzt wütend. Dann nahm ich meinen Ball und sagte zu den Kindern: Ach kann ich mitspielen?" Und sie antworteten: "Ja, du kannst mitspielen. Aber du mußt dich an unsere Regeln halten 1. Du darfst nicht hauen. 2. Du darfst uns nicht auslachen. Aber Franz sagte:" Warum dürft ihr mich hauen und mich auslachen? Da wollte ich nach Hause gehen. Aber Susi sagte:" Warte auf mich. Wir könnten uns wieder treffen. Aber nur, wenn du versprichst, daß wir uns vertragen.

Literarisches Beispiel:
Eleni Torossi: Die bunten Wutpakete

Das Projekt wurde nun durch Einbeziehung von Kinderliteratur um eine neue Dimension erweitert. Die Idee der Autorin, in ihrer Geschichte die Kinder Wutpakete schnüren zu lassen und einen »Wutpaketturm« gegen die Bevormundung durch die Erwachsenen zu bauen, begeisterte die Schüler.

Spontan kam der Vorschlag, Wutpakete zu zeichnen und eigene Wutanlässe hineinzuschreiben.

Bemerkenswert in dieser Phase war die Tatsache, daß die inhaltlichen Aussagen der Wutgeschichten und die der Wutpakete grundsätzlich sehr unterschiedlich waren.

Die Wut

Der Vater sagte: Was, eine Wut? Kinder haben keine Wut. Die kannst du dir erst leisten, wenn du groß bist. Ausländerkinder sind ja nicht da, um zu entwerfen. Das war der asschnit von Kindern den

Und auch noch, von mier

Mutti hat mich nicht letzte Wocke nicht schwümmen lasen wal ich Schnubpfen hate.

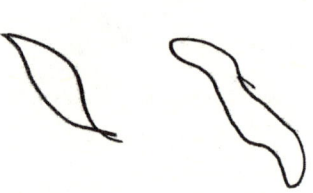

Meine Mutter schönft rich immer wenn ich meinen Bruder störe oder wenn ich etwas weg neme.
Eimal in der Pause habe ich mich mit meine freundin gestriten ich war sehr böse später in der Paus hat mich jemand geschlagen. Manchmal krigt mein Bruder alles und ich nichts dann binn ich sehr sehr wütend dann muß ich meinen Bruder hauen.

Hilfen für die eigene Planung:

– Eleni Torossi: Tanz der Tintenfische. Reinbek bei Hamburg 1989.

4. Thema/Projektbezeichnung: Oma ist mehr als Großmutter

Projektphasen	• Lesen der Ganzschrift »Oma« von Peter Härtling • »Was an meiner Oma anders ist.« (Cluster: Vergleich von Kalles Oma mit der eigenen) • Teamteaching: Familienstrukturen in Spanien und Deutschland unter Einbeziehung weiterer Länder bzw. Kulturkreise (Rumänien, Italien, Rußland) • Lied: »Meine Oma fährt im Hühnerstall Motorrad.« • Erfinden weiterer Strophen zu diesem Lied • Textproduktion: »Wir erzählen Omageschichten.« • Überarbeitung der Texte: Autoreninterview, Partner- und Gruppenarbeit • »Erzählstunde«: Vortrag der Omageschichten in der Klasse • Schreibwerkstatt: Gestaltung eines Buches zu den Omageschichten: Bleistiftzeichnung, Layout, Gestaltung des Deckblattes • Vorbereitung des Besuchs der Omas in der Klasse (Einladung, Ablauf des Treffens, Formulieren von Fragen etc.) • Omas besuchen uns in der Schule
Einbeziehung des muttersprachlichen Unterrichts	• Teamteaching: »Omas in Spanien und Deutschland« • Omageschichten in zwei Sprachen schreiben • »Meine Oma in Spanien«
Schwerpunkte: Aspekte des Sprachunterrichts und fächerübergreifende Aspekte	• Literarische Ganzschrift als Ausgangspunkt eigener Texte • Reflexion der eigenen Situation durch Auseinandersetzung mit Literatur • Interkultureller Vergleich von Familienstrukturen, exemplarisch am Beispiel der Bedeutung der Omas in den verschiedenen Herkunftsländern der Schülerinnen und Schüler
Lernziele	
Deutsch: Lesen	• Kinder- und Jugendliteratur kennenlernen: Lesen einer Ganzschrift • Bilden der eigenen Meinung über das gelesene Buch • Nachdenken über Motive der handelnden Personen, Vergleichen des Verhaltens mit eigenen Erfahrungen • Vortragen von Geschichten und Gedichten • Malen von Bildern zum Text
schriftlicher Sprachgebrauch	• Geschichten erzählen: Schreiben von erlebten und erfundenen Geschichten
Heimat- und Sachkunde	• Kind und Gemeinschaft: Vorbereitung und Gestaltung des Treffens mit den Omas
Musik	• Sprechen und Singen: Kenntnis von altersgemäßen Texten und Liedern
Kunsterziehung	• Phantasievolles Malen mit Farben; einfache Gestaltungsaufgaben
Rahmenbedingungen	*Art der Klasse:* 4. Jahrgangsstufe einer Nürnberger Modellklasse *Schülerzahl:* 21 *Nationalitäten:* 5 spanische, 8 deutsche, 8 Aussiedlerkinder *Angaben zum Geschlecht:* 10 Mädchen, 11 Jungen

Ausgehend von Peter Härtlings »Oma«, beschäftigen wir uns mit unseren Großmüttern in Deutschland, Rußland, Italien, Rumänien und Spanien. Wir begannen mit einem spontanen Cluster zum Begriff Oma; dann schrieb jedes Kind ein kurzes »Statement« (ein bis zwei Sätze) dazu.

Anschließend setzten wir uns mit der Protagonistin des Buches, mit Kalles Oma, auseinander: Wir diskutierten über sie und unser »Omabild« und arbeiteten dabei Unterschiede zwischen Kalles Oma und den Omas der Kinder unserer Klasse heraus.

Meine Oma läßt mich zuerst fernsehen und ___ erst danach muß ich Hausaufgaben machen.

Mi abuela es muy buena, mi abuela algunas veces se enfada.

A mi abuela le gusta viajar, a la abuela de Kalle no. Mi abuela no se mete en jaleos, la abuela de Kalle sí.

Meine Oma schreit nicht jeden an, auf den sie böse ist. Sie kocht auch sehr gut. Meine Oma arbeitet auch viel.

Meine Oma wird immer wütend, wenn sie Hausaufgabe macht. Meine Oma macht in der Nacht Sport.

Meine Oma ist jünger als Kalles Oma. Ich habe meine Oma gern, und meine Oma hatte von Anfang an nichts gegen Fußball.

Schon stießen wir auf »Interkulturelles«: Den deutschen Kindern fiel auf, daß das Verhältnis der spanischen Kinder zu ihren Omas sehr viel enger war als das der deutschen, obwohl die spanischen Omas meist weit entfernt wohnten. Zwei spanische Mädchen erzählten, daß ihre Omas aus Spanien nach Nürnberg gezogen waren, nur um bei der Familie zu sein, und daß es für diese Omas und die Familien undenkbar wäre, daß die Omas in einer eigenen Wohnung allein leben sollten. Im Teamteaching vertieften wir das Thema und diskutierten über Familienstrukturen in Spanien und Deutschland.

Danach erzählten die Kinder mündlich und schriftlich von ihren Omas, und zwar in allen Sprachen, die in der Klasse präsent waren. Es entstanden also nicht nur Texte in Deutsch und Spanisch, sondern auch in Rumänisch, Italienisch und Russisch.

In der Nacht vor der Tür

Meine Oma wohnt bei uns, sie ist manchmal böse, aber sie kann auch sehr nett sein. Sie hilft mir meistens bei den Hausaufgaben. Wenn sie ihr Gebiß herausnimmt, schaut sie aus wie eine Hexe. Sie ist auch sehr lustig.

Es war an einem gewöhnlichen Abend, anfangs Herbst. Es dämmerte drohend. Oma schrie auf einmal die Treppe hinunter: „Zieh schnell alle Stecker aus dem Steckdosen!" Ich schrie hinauf: „Mach ich, Oma!" Ich habe alle Stecker herausgetan. Dann ist Mama aus Markus' Zimmer herausgekommen. Markus ist mein kleinerer Bruder, den meine Mutter Mutter gerade ins Bett gebracht hatte. Mama und Oma kamen nun die Treppe hinunter. Wir

-4-

standen dann unten an der Haustür. Es war schön, jeder hatte seine Arme um die Schultern des anderen gelegt, und so haben wir dem Blitzen und Donnern zugeschaut. Dann habe ich mir eine Decke geholt, weil es mir kalt geworden war. Anschließend sind wir ins Bett gegangen und bald danach eingeschlafen.

-5-

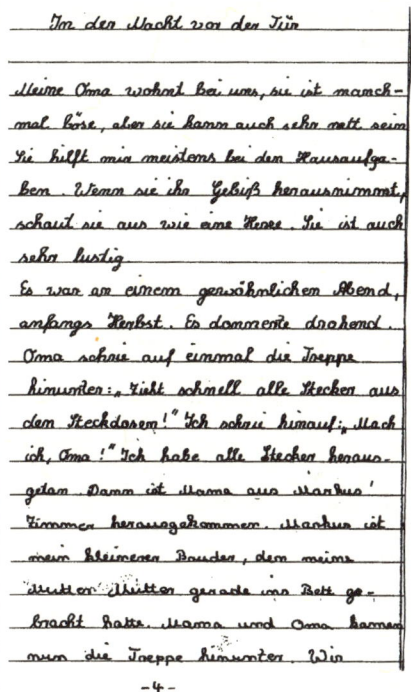

Mi amiga se lla Gülcin y tiene 9 anos. Cuando Gülcin viene a mi casa mi abuela siempre habla con ella en español, y ella no la entiende. Como siempre pasa lo mismo, le ensene a Gülcin algunas palabras en español. Mi abuela ahora habla mucho mas que antes con Gülcin.

(Übersetzung: Meine Freundin ist neun Jahre alt. Wenn sie zu mir kommt, spricht meine Oma mit ihr immer Spanisch, und sie versteht sie nicht. Weil immer wieder das gleiche passiert, hat sie Gülzin ein paar spanische Wörter beigebracht. Meine Oma spricht jetzt viel mehr mit Gülzin als vorher.)

> Meine Oma heißt Avelina. Sie ist 82 alt,
> und sie ist Spanierin. Sie ist lieb und nett.
> Wenn meine türkische Freunden Gülzin bei
> mir zu Hause ist, kommt meine Oma und
> spricht mit ihr Spanisch. Meine Freundin
> sagt ihr dann immer, daß sie kein
> Spanisch kann. Meine Oma kommt aus
> Spanien und kann fast kein Deutsch.

Aus allen Texten gestalteten die Schülerinnen und Schüler mit passenden Illustrationen ein »Omabuch«. Darin meldeten sich auch Omas zu Wort und äußerten sich zu ihren Enkelkindern. Besonders originell war der Brief einer Oma an ihre Enkelin, die mit Problemen in der Schule zu kämpfen hatte:

> Liebe ...,
>
> Du sagst uns, daß Du in der Schule Schwierig-
> keiten hast. Deshalb brauchst aber nicht gleich
> verzagen. Mit der Zeit kommt auch die Freude
> an der Schule. Zum Lesen und Laufen hast Du
> ja auch ziemlich lange gebraucht. Du bist, wie
> man so schön sagt, ein Spätzünder. Praktische
> Menschen, wie Du einer bist, braucht man aber
> auch. Deiner Mutter kannst Du ja schon im
> Haushalt behilflich sein. Wenn alle studie-
> ren würden, wer sollte dann die Arbeit tun?
> Reiß Dich also zusammen. Es geht alles vorüber,
> auch die Schule.
>   Viele Erfolg wünschen Dir
>   Deine Oma und Dein Opa

(Aus den Omageschichten der Klasse: Eine Oma schreibt ihrer Enkelin)

Wie die »Oma« entstanden ist ...

Ein Werkstattbericht

Nach dem »Hirbel« sollte auch das nächste Kinderbuch ein sogenanntes »schwarzes« Thema aufgreifen: das Alter, das Sterben. Ich suchte schon damals Autoren, die bereit waren, diese Thematik im Kinderbuch zu verarbeiten. Peter Härtling schrieb an seinem Roman »Eine Frau«, war für ein neues Kinderbuch kaum ansprechbar. Wir korrespondierten damals noch etwas förmlich. Härtling am 1. 4. 1974: »... Und dann können wir, nach Ostern, über ein neues Kinderbuch reden ... Und ich mache mir schon Gedanken über ein neues Kinderbuch. Wir sprachen auf der letzten Messe – es war Ihr Einfall, ob man nicht einmal über Kinder und alte Menschen schreiben sollte. Dieses Thema beschäftigt mich sehr. In rohen Umrissen habe ich bereits eine Geschichte im Kopf. Es ist ja in vieler Hinsicht ein Grundmotiv unserer Gegenwart, Großmütter, die Mütter ersetzen müssen ...«
Er schrieb die »Oma«. Das Buch erschien im Herbst 1975. Entstanden ist es in mehreren Anläufen. Die ersten Kapitel, die vorab kamen, wurden eher kritisch aufgenommen; das Problem Alter-Kind sei nur verdeckend erzählt, hieß es in meinem Brief. (Ich begriff damals noch nicht, daß Härtlings »Erzählepisoden« der bessere Weg waren, Kindern das Problem nahezubringen.) Wir diskutierten: Sollte die Oma nun sterben, oder sollte sie doch noch einmal gesund werden, damit den Kalle sozusagen auf ihr Sterben vorbereiten? Ich war für restloses Ausschöpfung des Themas; Härtling weigerte sich schlicht, den Kindern nach dem »Hirbel« erneut einen traurigen Schluß zuzumuten. Die Kinder weinen bei den Lesungen aus dem »Hirbel«, argumentierte er. So hatten die Kinder das letzte Wort ... Bevor dieses Buch fertig geschrieben war, bereitete das Problem, wie in einem Kinderbuch eine alte Frau zur Wirklichkeit kommen könnte, große Schwierigkeit. Wir diskutierten viel, meist telefonisch. Einige Kapitel wurden umgruppiert. Das vorletzte Kapitel, »Oma ist krank«, sollte nur andeuten, was in diesem Kinderbuch an Todeserfahrung ausgespart blieb. Die Oma wurde also wieder gesund, Kalle hatte noch einmal Glück gehabt. Aber die Oma unverfälscht eine alte Frau sein zu lassen, ohne die erzählerische Sicht des Kalle zu verlassen – das schien kaum durchführbar. Dies ist ja das grundsätzliche Problem eines jeden Kinderbuches: den Kindern die Wirklichkeit der Erwachsenen vorstellbar zu machen. Auch auf diese »Wirklichkeit« haben Kinder Anspruch. Kinder und Erwachsene haben sehr viel gemeinsam, Kindheit und Zusammenleben – was sie aber nicht gemeinsam haben, ist Erwachsensein. Wie soll ein Kind begreifen, was die Oma wirklich fühlt?
Härtling hat dieses Problem auf schlichte Weise gelöst. Er schrieb nach jedem Kalle-Kapitel einen Oma-Monolog: »Ich versteh doch nichts von moderner Erziehung und all dem neuen Zeug ...« – »Bin ich nun Frau Erna Bittel, oder bin ich eine Dahergelaufene ...« Für die »Oma« erhielt Peter Härtling den Deutschen Jugendbuchpreis 1976.
Später, im Herbst '79, erscheint noch ein anderes neues Kinderbuch von Peter Härtling. An seinem Anfang steht sozusagen eine »Lektorenklage«, aber auch die Erfahrung, die mein neues Jahrbuch der Kinderliteratur, »Das achte Weltwunder«, mir vermittelte: daß es nämlich in unserem Land kaum Liebesgeschichten für Kinder gibt. So schrieb ich an den Autor: »... das Buch, das ich mir vorstelle, müßte ausschließlich von der Liebe handeln. In einem für Kinder nachvollziehbaren Sinn natürlich. Wir wissen doch, daß Kinder zu großer Liebe bereit und fähig sind. Daß sie (wie die Erwachsenen auch) in dieser Hinsicht viele Enttäuschungen und Täuschungen erfahren und daß ihr Leiden möglicherweise viel unmittelbarer wirken und hilfloser machen, weil sie ja ungeübt sind in diesen Dingen. Was ist Liebe für ein Kind? ...« Peter Härtling antwortet einige Wochen später: »... Ich will mich nicht ablenken lassen. IchhabnämlichschonzweiKapiteldesneuen Buchesgeschrieben*. Hast Du mich verstanden?«

> »Jeder, der mit Kindern umgeht, mit ihnen lebt, sollte eine Schule der Anfänge absolviert haben, sollte wie selbstverständlich teilnehmen können an den jeweils ersten Erfahrungen; und diese Erstmaligkeit nicht bloß respektieren, sondern hüten und pflegen. Wie viele erste Male gibt es in jeder Kinderheit, in jeder Jugend!«
>
> Peter Härtling

Auszug aus dem Artikel »Von den Anfängen zwischen Himmel und Erde«, veröffentlicht in der Frankfurter Allgemeinen Zeitung vom 17.12.1988

---

*Im Original so geschrieben!
Aus einem Werkstattbericht von Hans-Joachim Gelberg, Mai 1979

Den Abschluß des Omaprojektes bildete ein kleines »Omafest«, zu dem wir Omas zu uns in die Klasse eingeladen hatten. Auch ein Opa und eine Mutter kamen mit. Es wurde ein lustiger Vormittag: Die Omas erzählten, was sie von »moderner Erziehung« hielten, und verrieten, daß ihre Kinder (die Eltern der Schülerinnen und Schüler der Klasse) nicht immer so fleißig in der Schule gewesen waren, wie sie es ihren Kindern gegenüber vorgaben.

Darüber amüsierten sich die Kinder köstlich; sie meinten, die Eltern hätten wohl »vergessen«, daß auch sie keine Musterschüler gewesen waren. Peter, ein ausgesprochenes »Schlitzohr«, entlastete sich für alle vergangenen und künftigen Streiche mit den Worten: »Was kann ich dafür? Der Apfel fällt nicht weit vom Stamm!«

Deutscher Jugendbuchpreis
Wilhelmine-Lübke-Preis

Fünf Jahre alt ist Kalle, als er seine Eltern verliert. Erst kann er es gar nicht begreifen. Seine Oma nimmt ihn zu sich. Da merkt Kalle, daß alles ganz anders ist als früher mit Vater und Mutter. Oma ist prima, aber – alt! Und Oma denkt: Hoffentlich kann ich den Jungen richtig erziehen – in meinem Alter! Sie erzählt Kalle von »damals«, als alles anders war. Sie machen zusammen eine Reise und haben viel Spaß miteinander. Kalle ist zehn, als Oma krank wird. Da zeigt sich, daß auch sie ihn braucht.

»Ein vorbildliches Buch über das Zusammenleben von zwei völlig verschiedenen Generationen.« *Deutsche Lesegesellschaft*

5. Thema/Projektbezeichnung: Wo – Wie – Wohnen?

Projektphasen	1. *Wie wir wohnen* • Cluster zum Thema Wohnen • Texte im Anschluß: Ich wohne (nicht) gerne hier • Überarbeitung der Texte (Autoreninterview, Partnerarbeit) 2. *Schöner wohnen* • Maßstabgerechtes Zeichnen • Zeichnen eines »Traumhauses« • Besuch im Übergangswohnheim (Stichwortzettel, Interview) 3. *Wohnungssuche* • Formulieren von Anzeigen • Besuch vom Wohnungsamt 4. *Abschlußfest* • Dankschreiben an das Wohnungsamt • Gestalten einer Wandzeitung zum Projekt • Auswertung: spontane zweisprachige Stellungnahmen
Einbeziehung des muttersprachlichen Unterrichts	• Cluster in beiden Sprachen zum Thema »Wohnen« erstellen • Kontrastiver Sprachvergleich des Begriffes »Wohnen« • »Mi casa – en España y en Alemania«: »Meine Wohnung: In Deutschland und in Spanien« • »Una casa asturiana« (Ein Haus in Asturien) • »Casas típicas en España« (Typische Häuser in Spanien)
Schwerpunkte Aspekte des Sprachunterrichts und fächerübergreifende Aspekte	• Herausarbeiten gemeinsamer und unterschiedlicher »Wohnerfahrungen« mit Hilfe kreativer Verfahren und authentischer Schülertexte (vergleichen, einschätzen, werten; Wortfeldarbeit) • Vorbereitung, Durchführung, Nachbereitung eines Besuchs im Übergangswohnheim (Interview, Stichwortzettel, Diskussion) • Wohnungssuche mit Hilfe von Zeitungsanzeigen

Lernziele:
Lesen
 	
Sprachbetrachtung
 	
mündlicher Sprachgebrauch
 	
schriftlicher Sprachgebrauch
 	
Heimat- u. Sachkunde
 	
Kunsterziehung
	Deutsch:
	• Selbständig Informationen gewinnen
	   Unterscheiden von Wichtigem und Unwichtigem in Sachtexten
	   Wiedergeben der Kernaussage eines Textes
	• Zusammenstellung sinnverwandter und gegensätzlicher Wörter
	   Verknüpfen von Einzelsätzen mit Hilfe geläufiger Bindewörter
	   Wortfeldarbeit: Wohnen
	   Fachsprache in Anzeigentexten (einschl. relevanter Abkürz.)
	• Herausarbeiten wesentlicher Merkmale
	   Einüben einfacher Gesprächsregeln und -techniken
	   Sprechsituationen richtig einschätzen:
	   Kontakt aufnehmen, seine Meinung vertreten
	• Sachzusammenhänge zunehmend selbständig darstellen
	   Beschreiben und Berichten nach Stichpunkten
	   Erstellen kurzer Sachtexte
	   Aufschreiben von Gründen und Gegengründen
	• Einführen des Maßstabs anhand einfacher Beispiele
	• Einblick in einen Dienstleistungsbetrieb: Wohnungsamt
	• Zeichnen einfacher bildnerischer Themen: Traumhäuser

Rahmenbedingungen	*Art der Klasse:* 4. Jahrgangsstufe einer Nürnberger Modellklasse *Schülerzahl:* 21 *Nationalitäten:* 5 spanische, 8 deutsche, 8 Aussiedlerkinder *Angaben zum Geschlecht:* 10 Mädchen, 11 Jungen

»Wie wir wohnen«

Zunächst wurde die persönliche Wohnsituation der einzelnen Schülerinnen und Schüler besprochen und die gemeinsamen und unterschiedlichen Erfahrungen in der Klasse zum Anlaß eines ersten Vergleichs genommen. Es kristallisierte sich dabei als zentrales Problemfeld der generelle Wunsch nach einer Verbesserung der Wohnsituation heraus, der sich in die zwei Bereiche »Schöner Wohnen« (Gestalten des Wohnbereiches, Wohnen in Spanien und Deutschland) und »Wohnungssuche« weiter ausdifferenzieren ließ.

ein neues Kinderzimmer — das meine Schwester ein Puppenwagen bekommt — das große Schiff von Lego

Schlüssel für die Wohnung
eine Wohnung — eine Wohnung — **Ich wünsche mir** — das d d wir den Satter gewinne — ein paar Stiffel Rollschuhe
das ich eine wohnung bekomme — eine neue Wohnung — ein Flugzeug — ein Fotoalbum
eine Wohnung — ein neve Wohnung — ein Maschinengewehr

Daß meine Oma an Weinachten komt. — daß es schneit — einem Hund — eine Hose

Ich wünsce mir daß mich die Monica Heiratet — daß in Weihnachten schneit — Das wir gut nach Rumänien ankommen und gut zurück kommen.

daß meine Oma gesund wird bis Weihnachten. — daß wir für immer nach Spanien gehen

eine glückliche Familie — das wir nach Spanien fahren — daß wir nach Spanien fahren

Das mein Papa öfter wieder uns abholt. — daß wir dieses Jahr nach Rumänien fahren

daß meine Oma wieder gesund wird

Mi casa en España

Ich wohne gerne hier.

Übersetzung:

Mein Haus in Spanien
Mein Haus in Spanien ist alt, aber wenn man es anschaut, kommt es einem so vor, als wäre es gerade gebaut worden. Es ist hell, es ist sauber, schön und groß. Wir haben fünf Zimmer: die Küche, das Bad, den Gang und sogar einen Balkon und eine Terrasse. Wenn wir nach Spanien fahren, sind wir dann dort 13 Personen. Das Badezimmer ist nicht sehr groß. Die Küche ist groß und auch der Gang. Wenn man das Haus von außen betrachtet, hat es zwei Treppenaufgänge, an jeder Seite einen, und wenn man hinaufgeht, treffen sie sich, und man kann den Hausgang betreten.

»Schöner Wohnen«

Die konkrete Bedürfnislage gliederte zugleich den weiteren Ablauf des Projektes: In der zweiten Projektphase setzten wir uns mit dem Thema »Schöner Wohnen« auseinander: Wir richteten Kinderzimmer ein, konzipierten Traumhäuser und verglichen verschiedene Wohnsituationen von Kindern der Klasse miteinander.

Während des Teamteachings erzählten die spanischen Mädchen, wie ihre Häuser in Spanien aussahen und wie man in Spanien wohnt. Wir fanden viele gemeinsame Elemente, konnten aber auch etliche Unterschiede feststellen. Wir besuchten ein Übergangswohnheim, in dem die Familie eines Schülers der Klasse wohnte, um zu erfahren, daß »Schöner Wohnen« für die Familie in diesem Übergangswohnheim etwas anderes bedeutete als für die Kinder der Klasse, die mit ihrer Familie in einer »richtigen« Wohnung lebten.

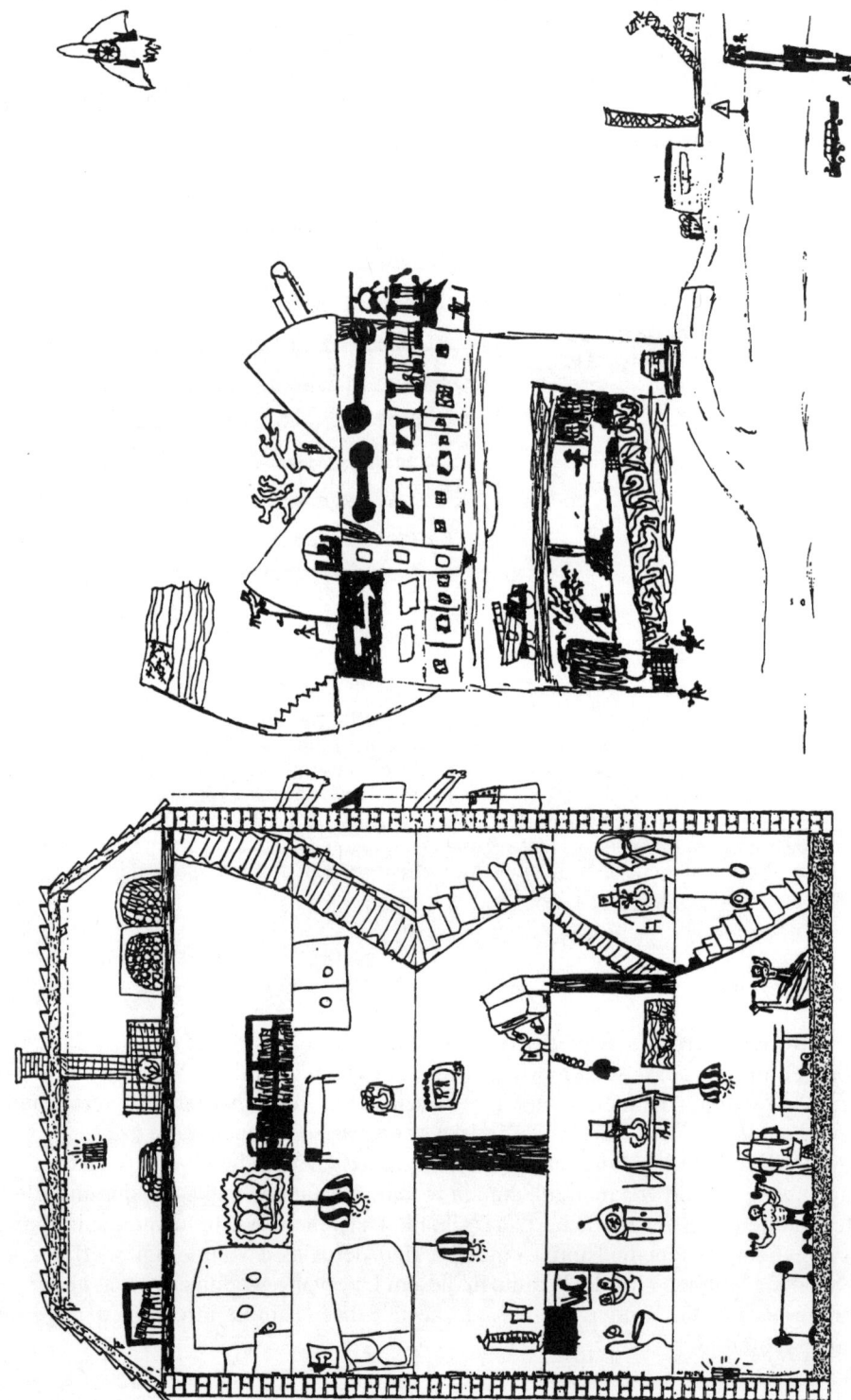

»Traumhäuser« (Idee, Konzept und Realisierung: Irmgard Ittner)

124

> **Das Übergangsheim.**
> Heute waren wir mit der Klasse im
> Übergangsheim. Wir sollten uns
> ansehen, wie es den Menschen
> geht. Vier Personen teilen sich
> ein Zimmer, fünf andere Leute
> teilen sich das Nachbarzimmer.
> Die Leute sind sehr nett, denn sie
> lassen morgens erst die Kinder
> waschen, weil sie in die Schule
> müssen. Sie müssen das WC und
> die Küche teilen. Für immer
> möchte ich nicht so wohnen, ich
> bin sehr froh, das ich ein
> eigenes Zimmer habe.

Wohnungssuche

Die Kinder der Klasse, die von der Wohnsituation im Übergangswohnheim bisher noch nichts oder kaum etwas gewußt hatten, waren davon sehr betroffen und überlegten, wie sie diesen Kindern zu einer Wohnung verhelfen konnten: Sie gaben Zeitungsanzeigen auf, hängten Plakate auf und setzten sich mit dem Wohnungsamt in Verbindung. Wir bekamen schließlich Besuch vom Wohnungsamt und erfuhren eine Menge über die Wohnungsnot in Nürnberg und über die Strukturen im Wohnungsamt selbst. Ein nicht vorhersehbarer Erfolg des Projektes war, daß es gelang, für eine Familie wirklich eine Wohnung zu bekommen.

> **Besuch vom Wohnungsamt**
> Vor drei Wochen war ein Mann
> vom Wohnungsamt bei uns
> in der Schule. Er war ein
> Vermittler. Wir haben uns unter-
> halten und ihm Fragen gestellt.
> Wir haben ein paar Kinder, die
> haben keine Wohnung und ich
> kenne auch viele, die eine suchen.
> Die Wohnungsnot in Deutschland
> ist sehr schlimm. Es gibt schon
> noch Wohnungen, aber die
> Miete ist so teuer, daß eine
> Familie mit Kind nicht bezahlen
> kann. So ungefähr 1000,– DM
> im Monat. Das ist viel zu viel.
> Es gibt aber auch noch andere
> Probleme:
>
> 1.) bei Gehbehinderten, die im Erdgeschoß
> wohnen müssen
> 2.) Hauseigentümer, die keine Kinder
> und Haustiere mögen
> 3.) Vermieter, die keine Ausländer,
> Aussiedler und Asylanten mögen
> 4.) Und die vom Gefängnis kommen
> 5.) Auch keine Männer, weil sie
> meinen, putzen nicht. Bei mir in
> der Straße sind auch ein paar alte
> Frauen, die wohnen in einer 4-
> Zimmerwohnung und tauschen
> nicht mit einer Frau, die 2 Kinder
> hat und in einer 2-Zimmerwohnung
> wohnt. Der Mann hat auch
> Hildegard eine Wohnung besorgt.
> Ich habe mich sehr gefreut, weil
> ich würde jedem eine Wohnung geben.

Auswertung und Abschlußfest

Bei der Auswertung äußerten sich die Schülerinnen und Schüler zu den vielfältigen Eindrücken und Erfahrungen, die sie im Verlauf des Projektes gemacht hatten. Es fand noch ein Projektabschlußfest statt, bei dem ein selbstgedrehter Videofilm, der Kalender mit den Traumhäusern und die eigens für das Fest erstellte Wandzeitung vorgestellt wurden. Von allen Kindern war an diesem Fest mindestens ein Elternteil anwesend.

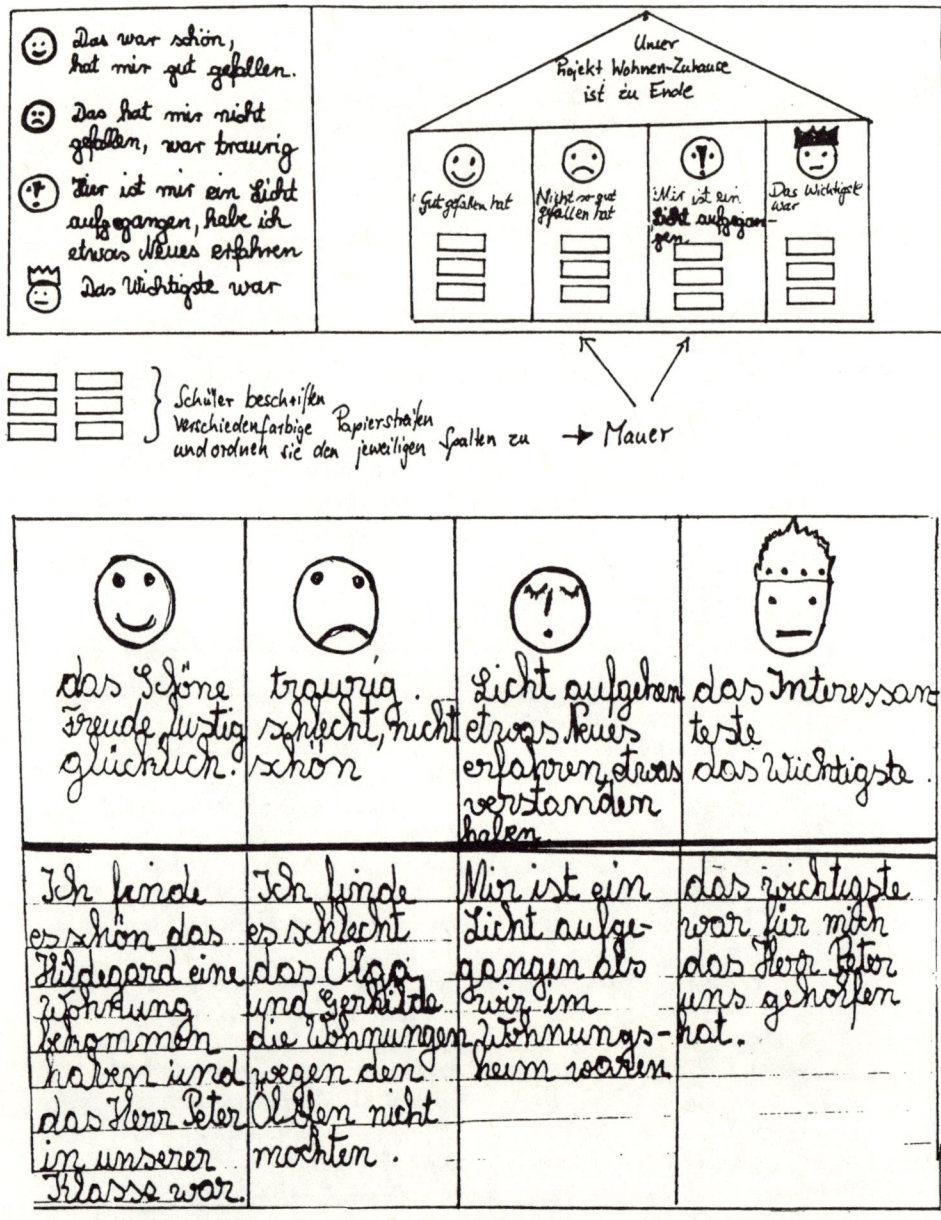

Muttersprachliche Äußerungen der spanischen Schülerinnen und Schüler bei der Nachbesprechung des Projektes:

Estule contenta de poder alludar q los que no tienen casa.

Übersetzung: *Ich freue mich, daß ich denen helfen konnte, die keine Wohnung haben.*

Que nuestras amigas an encontrado una vivienda

Übersetzung: *(Es freut mich), daß unsere Freundinnen eine Wohnung gefunden haben.*

A mi me gusto el projekto Español de las casas tipicas y modernas de España.

Übersetzung: *Mir hat beim Projekt das mit den typischen und modernen Häusern in Spanien gefallen.*

Ami me ha gustado mas que entiendo lo que me dicen las personas

Übersetzung: *Mir hat am besten gefallen, daß ich jetzt verstehe, was man zu mir sagt.*

Yo e aprendido que si ayudamos todos juntos podemos consegir una vivienda para los amigos.

Übersetzung: *Ich nabe gelernt: Wenn wir alle zusammenhelfen, können wir es schaffen, eine Wohnung für unsere Freunde zu finden.*

Ami me fue importante que que emos echo tanto en tan poquito tiempo.

Übersetzung: *Für mich war wichtig, daß wir so viel in so kurzer Zeit gemacht haben.*

¡Ami me ha gustado que que hemos podido dibujar una casa con un horreo.

Übersetzung: *Mit hat gefallen, daß wir ein Haus mit einem "hórreo" malen konnten.*

Que emos alludado a los demas y sabemos tanto de las casas en España.

Übersetzung: *(Das Wichtigste war für mich), daß wir den anderen geholfen haben und daß wir so viel von den Häusern in Spanien wissen.*

---

estoy triste porque se ha acabado el proyecto.

Übersetzung: *Ich bin traurig, daß das Projekt vorbei ist.*

Ich möcht mich bei Ihnen bedanken und auch meine Eltern, daß wir eine Wohnung gekriegt haben. Ju ist in der Rothenburgerstraße und hat 4 Zimmer.

Herr Peter vielen Dank daß sie mir, der Hildegard und der Olga eine Wohnungsangebot geschickt habt. Ich freu mich daß die Hildegard eine Wohnung bekommen hat.

Liebe Grüße

Danke das sie den Kinder unserer Klasse geholfen haben. Und für die Antworten auf die Fragen.

Ich bedanke mich bei Ihnen Herr Peter, daß sie unseren Schulkameraden geholfen haben, eine Wohnung zu finden. Ich bitte sie aus ganzem Herzen, uns auch eine Wohnung zu finden. Danke!

Wir danken daß sie unseren Klassenkameraden geholfen haben eine Wohnung zu finden. Viele lieben Grüßen

Ich bedanke mich herzlich bei Ihnen das sie unseren Schulkameraden geholfen haben und wir wollen es hoffen, das wir auch eine Wohnung bald bekomen.

Stadt Nürnberg

Amt für Wohnen und Stadterneuerung

Stadt Nürnberg · 670 · Postfach · 8500 Nürnberg 1

Frau
Claudia Kupfer-Schreiner
Schulstraße 9

W-8541 Regelsbach/Rohr

Dienstgebäude
Marienstraße 6/Ecke Gleißbühlstraße

 Linie 3, 8, 9, 13
Haltestelle Marientor

Linie 1, 2, 11
Haltestelle Hauptbahnhof

Datum und Zeichen Ihres Schreibens	Unser Zeichen	Durchwahl-Nr.	Datum
19.09.1991		231-22 10	30.09.1991

Sehr geehrte Frau Kupfer-Schreiner,

nach Rückkehr von einer Reise fand ich Ihr freundliches Schreiben nebst Kalender vor. Dafür möchte ich mich recht herzlich bedanken. Die Kinder waren wohl mit Feuereifer bei der Sache.

Ich denke, daß die Entsendung von Herrn Peter die richtige Lösung war und freue mich, daß alles gut verlaufen ist. Ich hoffe allerdings, daß nicht noch mehr Lehrer auf diese Idee kommen ...

Von "Traumhäusern" oder gar Traumverhältnissen sind wir noch weit entfernt. Aber wenn Träume zu Idealen werden, die sich mit Lebens- zielen verbinden, denen sich Menschen tatkräftig widmen, dann ist gewiß ein Teil unseres Erziehungsauftrages erfüllt.

Mit freundlichen Grüßen

R. Erhardt

6. Thema/Projektbezeichnung: Wir machen eine Zeitung

130

Projektphasen	1. *Clustern zum Thema »Klassenzeitung«*
	2. *Vergleich mitgebrachter Zeitungen:*
	  • Aufbau
	  • Inhalt
	  • Gestaltung, Bild und Text
	3. *Planung der Klassenzeitung:*
	  • Gestaltung, Format etc.
	  • Formulieren und Auswählen von Themen (Ideenkiste)
	  • Darstellung der gefundenen Themen an der Pinnwand
	4. *Redaktionelle Phase:*
	  • Stichwortzettel
	  • Arbeitsplan: Was gehört zu meiner Seite, zu meinem Artikel?
	  • Herstellung der Artikel (Textproduktion, Überarbeitung in der Kleingruppe, Layout / Gestaltung)
	5. *Abschlußredaktion:*
	  • Diskussion über die Abfolge der Artikel
	  • Erstellen eines zweisprachigen Inhaltsverzeichnisses
	6. *Präsentation:*
	  • Erfinden eines Preisrätsels zur Zeitung
	  • Vorstellen der Zeitung bei einem Fest mit den Eltern

Einbeziehung des muttersprachlichen Unterricht	• Alle ausländischen Kinder konnten sich bei jedem Text entscheiden, ob sie ihn in Deutsch oder in ihrer Muttersprache verfassen wollten. • Alle zentralen Unterrichtsphasen fanden im *Teamteaching* statt (auch einmal mit den Lehrkräften der Kunsterziehung, Religion sowie weiteren Fachlehrkräften, die in der Klasse unterrichteten).
Schwerpunkte: Aspekte des Sprachunterrichts und fächerübergreifende Aspekte	• Kooperation der Lehrkräfte • Öffnung von Schule • Intensivierung der Elternarbeit • Produktorientierung
Lernziele:	Deutsch:
Lesen	• Aus einfachen Texten selbständig Informationen gewinnen • Sich in einfacher Weise mit Texten kritisch auseinandersetzen • Texte kritisch betrachten • Mit altersgemäßen Texten kreativ umgehen
Schreiben	• Schriftliche Arbeiten selbständig und ansprechend ausführen
Rechtschreiben	• Großschreibung von Namenwörtern • Einige besondere Fälle der Trennung
Sprachbetrachtung	• Zusammengesetzte Wörter • Vor- und Nachsilben
mündlicher Sprachgebrauch	• Erlebnisse und Handlungsabläufe interessant und genau erzählen • Andere unterhalten, spielerisch mit Sprache umgehen
schriftlicher Sprachgebrauch	• Erlebnisse lebendig darstellen • Auf wichtige Darstellungsmittel aufmerksam werden • Einfache Sachzusammenhänge treffend und folgerichtig darstellen • In einfacher Form die eigene Meinung begründen
Heimat- und Sachkunde	• Erleben und Mitgestalten von Gemeinschaft • Erkennen von Gemeinschaftsaufgaben • Fähigkeit, sich in einer einfachen Lageskizze zurechtzufinden • Einblick in die Kartendarstellung des heimatlichen Raumes
Mathematik	• Fähigkeit, Größen in gebräuchlichen Einheiten zu schätzen, zu messen und zu vergleichen
Kunsterziehung	• Phantasievolles Gestalten von Schmuckformen
Musik	• Individuelle Höreindrücke malen
Rahmenbedingungen	*Art der Klasse:* 3. Jahrgangsstufe einer Nürnberger Modellklasse *Schülerzahl:* 20 *Nationalitäten:* 5 spanische, 8 deutsche, 7 Aussiedlerkinder *Angaben zum Geschlecht:* 10 Mädchen, 10 Jungen

Zirkus ✏ Zirkus ✏ Zirkus ✏ Zirkus ✏ Zirkus ✏ Zirkus ✏ Zirkus

Visita al circo

[handschriftlicher Schülertext in spanischer Sprache]

Visita al circo

1. Clustern zum Thema »Klassenzeitung«:

Alle spontanen Einfälle der Schülerinnen und Schüler wurden gesammelt; anschließend fertigte jedes Kind einen eigenen Cluster an, in dem die individuellen Ideen und Vorstellungen zum Tragen kamen. In Gruppenarbeit setzten sich die Schülerinnen und Schüler dann mit dem Clustern der Mitglieder ihrer Gruppe auseinander und diskutierten.

2. Vergleich mitgebrachter Zeitungen:

Verschiedene Tageszeitungen und Illustrierte wurden miteinander verglichen. Dieser Vergleich wurde zunächst unter inhaltlichen Aspekten durchgeführt; im Anschluß daran wurden die gestalterischen Elemente und Merkmale der einzelnen Zeitungen gegenübergestellt und diskutiert.

3. Planung der Klassenzeitung:

Nachdem nun ein erster Überblick über mögliche Inhalte vorlag, notierten die Schülerinnen und Schüler auf Kärtchen die Themen, für die sie sich besonders interessierten. Die Themen wurden frei gewählt; anschließend wurde in der Klasse über die einzelnen Vorschläge diskutiert, die Themen der Artikel wurden festgelegt und an der Pinnwand visualisiert.

Die Themen an dieser Pinnwand waren jederzeit veränder- oder austauschbar, und zwar während der gesamten Dauer des Projektes. So mußte ein Kind nicht unbedingt einen Artikel schreiben (oder zu einem Thema etwas malen), wenn es feststellte, daß es doch nicht so recht Zugang zum Vorhaben fand.

Es verschwanden im Laufe der Zeit Themen von der Pinnwand, neue tauchten auf, Autorinnen und Autoren tauschten Artikel aus, oder einige Themen wurden auch von mehreren Schülerinnen und Schülern bearbeitet.

4. Redaktionelle Phase:

Schließlich wurden folgende Themen bearbeitet:

● »Wir stellen uns vor«: Kinder stellen sich mit einem Foto und Text vor

● Lustige und spannende Erlebnisse, zum Beispiel:
  Ein Unfall in Spanien
  Wir waren in Griechenland
  Urlaub auf der Pferderanch
  Ein Erlebnis auf dem Volksfest
  Campingplatz
  Ein Besuch im Naturkundemuseum Berlin
  ...

● Texte mit stark biographischem Anteil:
  Ich komme aus der DDR
  Flucht aus Rumänien
  Belén im Krankenhaus
  Meine Erstkommunion
  Eigene Gedichte: Was ich dir sagen wollte (Quisiera decirte algo)

● Berichte und Erlebnisse, die im Zusammenhang mit der Schule standen, zum Beispiel:
  Ein Besuch im Zirkus
  Unser Indianerdorf (Gemeinschaftsarbeit der Klasse in Kunsterziehung)
  Der Nikolaus kommt
  Ein Besuch im Hort
  Wir waren im Schullandheim
  ...

Ich wollte dir was sagen...

Monica
ich will dich gerne heiraten, aber
wenn du nicht **willst**, werde ich
dich eben holen.

Tania
Wenn wir streiten dann streiten wir eben aber ich kann nichts
dafür.

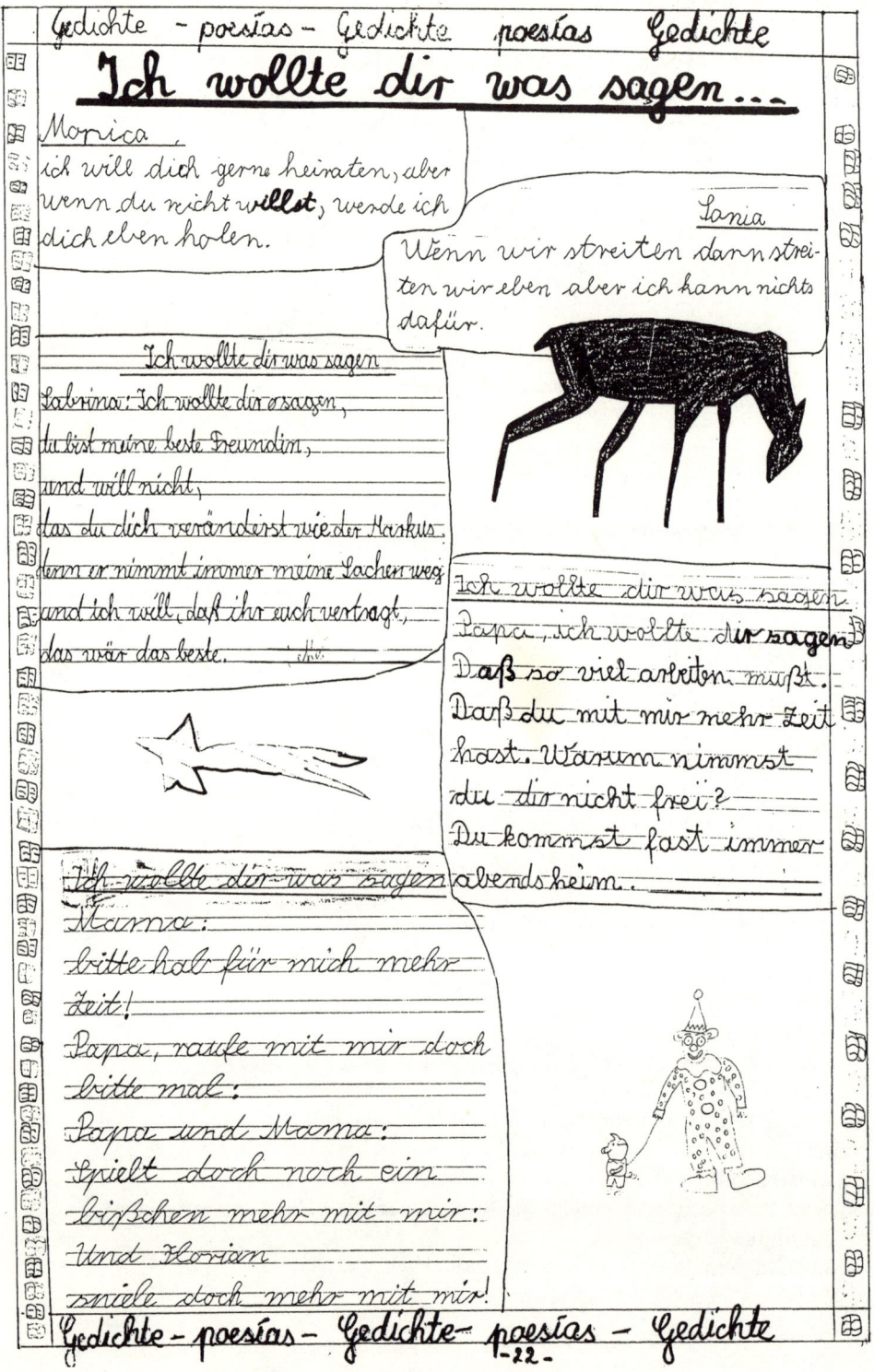

Ich wollte dir was sagen

Sabrina: Ich wollte dir sagen,
du bist meine beste Freundin,
und will nicht,
das du dich veränderst wie der Markus,
denn er nimmt immer meine Sachen weg
und ich will, daß ihr euch vertragt,
das wär das beste.

Ich wollte dir was sagen
Papa, ich wollte dir sagen,
Daß so viel arbeiten mußt.
Daß du mit mir mehr Zeit
hast. Warum nimmst
du dir nicht frei?
Du kommst fast immer
abends heim.

Ich wollte dir was sagen
Mama:
bitte hab für mich mehr
Zeit!
Papa, raufe mit mir doch
bitte mal:
Papa und Mama:
Spielt doch noch ein
bißchen mehr mit mir:
Und Florian
spiele doch mehr mit mir!

134

BRD. DDR. BRD. DDR. BRD. DDR. BRD. DDR.

Eine Überraschung

An dem Wochenende, als die Menschen aus der **DDR** plötzlich in die BRD reisen durften, haben wir, meine Eltern und ich, uns riesig gefreut. Ich habe gedacht, ich sehe meine Omi erst in ein paar Jahren wieder. Als meine Eltern mit mir die DDR verlassen **haben**, mir meine Eltern erklärt das ich meine Verwandten und Freunde vorerst nicht sehe. Ich habe vor Freude laut **geschrien**, als plötzlich meine Omi vor der **Tür** stand. Ein paar Tage **danach** kam auch meine Tante und mein Onkel und **meine** Cousine aus Leipzig. Wir haben uns viel unterhalten, was in der Zwischenzeit in der D D R passiert ist. Es waren wunderschöne Tage. Als sie wieder nach Hause gefahren sind, haben wir uns ganz **doll** umarmt und wir waren **nicht mehr** so traurig wie beim Abschied in Leipzig, weil wir uns nun oft sehen **können**.

DDR. BRD. DDR. BRD. DDR. BRD. DDR. BRD

-21-

135

Wir fahren ins Schullandheim

nächtige
Mehrtägige Klassenfahrt

Stierhofstetten liegt im Steigerwald
und gehört zur Großgemeinde Ober=
steinfeld in Mittelfranken. Man kann von
dort aus viele Dinge unternehmen, z.B.
das Freibad in Scheinfeld besuchen,
in das Freizeit-Land Geiselwind
gehen, im Rüdener Wildpark spazieren-
gehen und vieles mehr.
(Konica R.)

136

- Interviews mit Eltern, Erziehern, Lehrkräften usw.

- Ferner:
  Kinder in Nicaragua
  Nehmt euch ein Herz für die Umwelt
  Zusammenfassungen von Kinderbüchern
  Rätsel
  Witze
  Kochrezepte

- Seiten ohne Text:
  Mein Traumhaus
  Ich bin ein Tier (die Kinder suchen sich ein Tier aus, das sie gern sein möchten; der Kopf des Tieres ist jeweils ein Foto des Kindes, der Tierkörper wird dazugemalt)

Jede Schülerin und jeder Schüler trug selbst die Gesamtverantwortung für die zu gestaltenden Seiten mit Umrandung, Text und Bild, Layout usw. Die Kinder arbeiteten allein, in Partner- oder Gruppenarbeit.

5. Abschlußredaktion:

Nachdem alle Artikel vorlagen, wurde ihre Abfolge in der Zeitung diskutiert und festgelegt; anschließend fertigten die Schülerinnen und Schüler ein zweisprachiges Inhaltsverzeichnis an.

6. Präsentation

Der Vater einer spanischen Schülerin, der in einer Druckerei arbeitete, vervielfältigte die Zeitung. Die Titelseiten der einzelnen Exemplare wurden danach farbig ausgemalt.

Den Abschluß und gleichzeitig den Höhepunkt des Projektes stellte unser Zeitungsfest mit den Eltern dar: Jeder anwesende Erwachsene erhielt ein Exemplar unserer Zeitung. Die Originale hatten wir an einer Wäscheleine im Klassenzimmer ausgestellt.

Die Kinder hatten ein Preisausschreiben zur Klassenzeitung ausgearbeitet, das von den Eltern gelöst werden mußte. Es wurden verschiedenen Fragen zu einzelnen Artikeln gestellt, die Namen von Autorinnen und Autoren abgefragt usw. Die Kinder durften und sollten ihren Eltern dabei helfen, was sie auch mit großer Begeisterung taten.

📚 🌸 Inhaltsverzeichnis 📖 🌸 🌸
Indice

7. Projekt: Ben liebt Anna

Projektphasen/ Verfahren des Kreativen Schreibens	– Cluster zum Buchtitel »Ben liebt Anna« – Eigener Cluster zu einem Wunschpartner – Schreiben zu motivierenden Satzanfängen: »Wenn ich verliebt bin, dann …« – Artikulieren eigener Wünsche: »So stelle ich mir meinen Freund/ meine Freundin vor:« – Schreiben eines fiktiven Briefes – Wir schreiben den Ausgang der Geschichte um
Aspekte des Sprachunterrichts	Finden treffender Ausdrucksmöglichkeiten zum Oberbegriff »verliebt sein«. Temporal-/Konditionalkonstruktion: »Wenn …, dann …« Einführung in die direkte Rede
Lernziele	Mündlicher Sprachgebrauch: Erlebnisse und Handlungsabläufe interessant und genau erzählen Schriftlicher Sprachgebrauch: Erlebnisse lebendig darstellen Sprachbetrachtung Einblick in die Möglichkeiten der Wortbildung Einblick in Aufgabe und Bau von Sätzen Weiterführendes Lesen: Kinder- und Jugendliteratur kennenlernen
Einbeziehung des muttersprachlichen Unterrichts	Erarbeitung des Wortfeldes »verliebt sein« und »Freundschaft« Syntaktische Entsprechungen von Temporal- und Konditionalkonstruktionen
Rahmenbedingungen	3. Jahrgangsstufe des Nürnberger Schulversuchs 27 Schüler, 14 Mädchen, 13 Jungen 9 türkische Kinder, 1 polnisches Kind, 17 deutsche Kinder

Projektverlauf:

Gemeinsamer Cluster zum Buchtitel

Am Anfang des Projekts wurde zum Buchtitel »Ben liebt Anna« ein gemeinsamer Cluster an der Tafel angelegt, um die Assoziationen und Erwartungen der Kinder an den Inhalt der Ganzschrift zu wecken.

Eigener Cluster

Im Anschluß daran fertigten die Schüler und Schülerinnen eigene Cluster zum Thema … liebt … (z.B. Sabine liebt Sven) an, in denen eigene Vorstellungen, Wünsche und Gefühle für einen Partner/eine Partnerin ausgedrückt wurden.

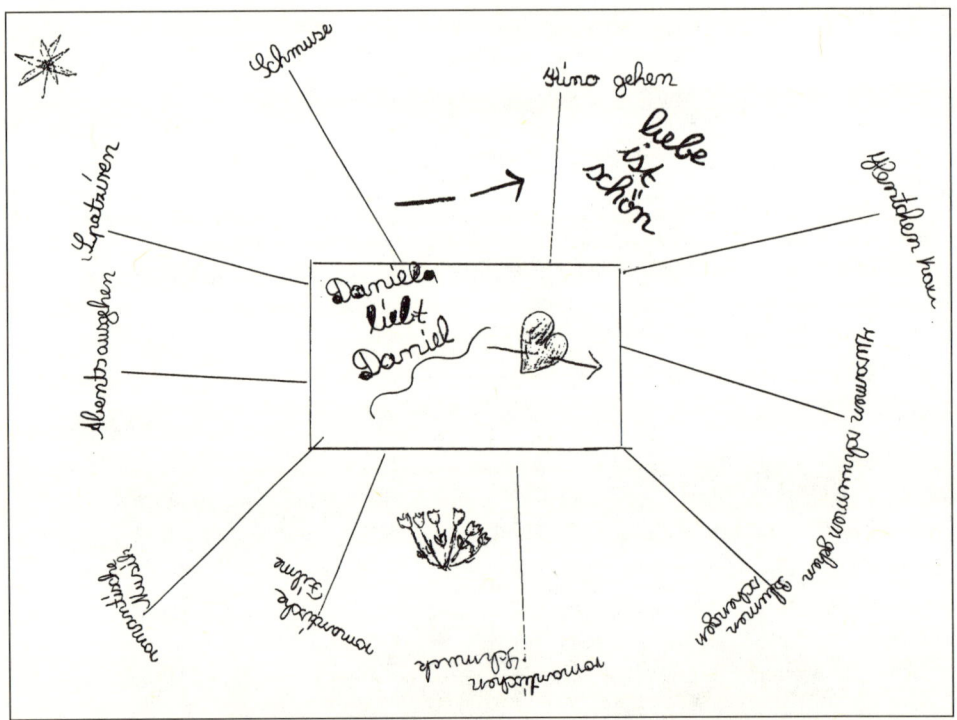

Motivierende Satzanfänge als Schreibanlaß

An einer Stelle des Buches merkt Ben, daß sein körperliches und seelisches Befinden sehr leidet, daß er Unlust, Übelkeit und dergleichen empfindet. In einem Gespräch im Anschluß an den Härtling-Text erzählten die Kinder, daß sie auch schon derartige Gefühle und Symptome erlebt hätten. Auf eigene Anregung hin beschlossen die Kinder, zu dem Satzanfang »Wenn ich verliebt bin, dann …« ihre persönlichen Gefühlszustände während einer Phase des Verliebtseins aufzuschreiben.

Wenn ich verliebt bin, dann
Ich muß immer an Corinna denken
und kann nie schlafen. Nachts
bin ich immer bis 3 Uhr wach.
Meine Mutter sagt immer schlaf
jetzt endlich ich sag immer
ich kann aber nicht schlafen. Bei
die Hausaufgaben muß ich auch
machmal an Corinna denken.

---

9. März 1993
Wenn ich verliebt bin, dann ......
Ich muß an ihn denken. Und ich
bin aufgeregt wenn ich ihn sehe,
und ich freue mich wenn ich ihn
sehe. Und ich werde ganz Nervös.
Manchmal rutscht mir das Herz in
die Hose (oder in den Rock je nachdem
was ich an habe.) Ich frage mich
auch ab er mich liebt.? Und ich
hoffe das er mich liebt.

Christine

Er muß sehr schön sein,
Er hat braune augen,
Er hat keine Pickeln,
schwarz braune Haare,
Er liebt mich, ich lieb ihn
Er ist sehr romantisch,
.... ist anders als andere Jungen,
Er ist sehr Cool,
Er hat immer Cape am seinen
Kopf.
Er past zu mir.
Er hat ganz Rote lippen

Wortschatzarbeit

Es wurde zu dem Ausdruck »verliebt sein« ein Wortfeld in Gruppenarbeit mit vielen treffenden Begriffen gesucht, die diesen Zustand möglichst genau und originell umschreiben.

Syntaxarbeit

Als Vertiefung folgte dann die Auseinandersetzung mit der Temporal- bzw. Konditionalkonstruktion »wenn ..., dann ...«. In dieser Phase wurden zahlreiche Beispiele für diese Konstruktion gesucht und inhaltlich ausgewertet.

Eigene Wünsche an einen Partner/eine Partnerin artikulieren

Natürlich hatten die Kinder eine Vielzahl von Vorstellungen, wie ein Freund/eine Freundin aussehen bzw. welche Eigenschaften er/sie haben oder nicht haben sollte.
    So entstanden Texte zu dem Thema:
    »So stelle ich mir meinen Freund/meine Freundin vor!«

Schreiben eines fiktiven Antwortbriefes

In einer Textpassage spielt Ben mit seiner Klasse Fußball. Leider versagt er kläglich, verstolpert ständig den Ball und fällt hin.
    Anna, die beim Spiel zuschaut, lacht, zusammen mit den anderen Klassenkameraden, Ben fürchterlich aus.
    Ben ist sehr gekränkt und schreibt einen Brief an Anna, in dem er sich über ihr unfaires Verhalten beschwert.

142

Die Schüler und Schülerinnen verfaßten in der Rolle Annas einen Antwortbrief an Ben.

> 23. April 91
>
> Lieber Ben
>
> Ben es tut mir richtig leid, das ich dich ausgelacht habe. Bitte sei mir nicht böse. Wenn Jens nicht schwimmen kann und ersoffen wäre hätte ich auch gelacht. Ich werde es nicht mehr tun, das verspreche ich dir. Jens kann wirklich gut fußballspielen, im Gegensatz zu dir. Aber er ist ein saubödet Angeber, das habe ich gemerkt. Nun, du gefällst mir. Ich will mit dir gehen.
>
> Deine Anna!

Kreativer Umgang mit dem Text – Wir geben der Geschichte einen neuen Schluß

Am Ende der Geschichte werden Ben und Anna voneinander getrennt, weil Annas Familie in eine andere Stadt umzieht. Dieser traurige Ausgang gefiel den Kindern überhaupt nicht, und sie wollten der Geschichte ein neues, glücklicheres Ende geben.

> Herr Mitschek kriegt ein Haus
> Ben sagte:„Ich fühle mich wieder wohl." Da sagte Vater:„Du kannst morgen wieder in die Schule gehen." Vater und der Arzt waren sich einig. Da fiel Bens Vater ein, das er Annas Vater ein Haus verkaufen kann weil seine Nachbarn von ihm das Haus gemietet haben und es nicht mehr wollen. Da kaufte Herr Mitscheck natürlich das Haus

> Nun ist Anna schon 20 und Ben 21 Jahre alt Anna sagt: Ich muß Wir ziehen ich und du zusam Und dann feirten sie Hochzeit. nina
>
>

143

Ben und Anna heiraten
Anna und Ben sind jetzt
schon beide 17 Jahre
alt. Sie gehen schon
so schon in die Fahrschule
Sie haben jetzt ihren
eigenen Führerschein.
Nun sagt Anna. Wir
müssen uns eine
Wohnung suchen. Am besten
wir schauen in
der Zeitung nach.
Ben sagt das machen
wir. Sie finden eine

zu Wohnung. Jetzt sagt
Anna wir brauchen aber
auch eine Arbet. Sie
haben jetzt auch
eine Arbeit bei Bens Vater
gefunden. Jetzt sagt
Ben jetzt sind wir endlich
18 Jahre alt wir können
entlich heiraten. In
2 Wochen ist die hochtzeit
hochzeit. Jetzt ist es
so weit jetzt haben
sie geheiratet. und
glei nach 3 Wochen war

Anna schwanger. Und
schon nach 9 Manate
woren 2 Kinder da
ein Junge und ein
Mädchen. Und dann
lebten sie mit ihren
2 Kindern bis an ihr
Lebensende glücklich.

Einführung in die direkte Rede

Ein wichtiger Bestandteil dieser letzten Phase des Projekts war die Einarbeitung der direkten Rede in die Schülertexte. Damit gewannen sie an Lebendigkeit und Spannung. In Übungsstunden wurden statisch wirkende Sprechakte in die lebendigere Form der direkten Rede gebracht.

Schlüsselsituationen der Geschichte werden in Bilder umgesetzt

Während des gesamten Projektverlaufs fertigten die Kinder immer wieder Zeichnungen zu besonders interessanten Textpassagen an.

Hilfen für die eigene Unterrichtsplanung:
Peter Härtling: Ben liebt Anna. Beltz Verlag, Weinheim/Basel 1986.

8. Projekt: Freundschaft

Projektphasen/ *Verfahren Kreativen* *Schreibens:*	1. Erzählkreis: Junge hinter dem Netz 2. Gemeinschaftscluster: Junge hinter dem Netz 3. Erstellen individueller Cluster 4. Szenisches Spiel: Anderes Kind kommt dazu 5. Sprechreihen: *Ein/e* Freund/in soll … 6. Notieren: *Mein/e* Freund/in soll … 7. Erzählkreis: Zwei Freunde – ein schöner Nachmittag 8. Textproduktion: Zwei Freunde – ein schöner Nachmittag 9. Zeichnung: Zwei Freunde – ein schöner Nachmittag 10. Textvortrag und Befragung 11. Überarbeitung der Texte 12. Was wir gern zusammen spielen 13. Zusammenstellen des Freundschaftsbuches für die Klassen- bücherei/Bedrucken des Deckblattes und der Rückseite 14. Lied »Wahre Freundschaft« zweisprachig
Aspekte des *Sprachunterrichts:*	Verknüpfung mündlicher/schriftlicher Sprachgebrauch unter Berücksichtigung der Zweisprachigkeit
Einbeziehung des *muttersprachlichen* *Unterrichts:*	Erzählkreis im Teamteaching (türkischer Lehrer/deutsche Lehrerin) Cluster zweisprachig Sprechreihen zweisprachig Textproduktion auch in türkischer Sprache

Lernziele:
Mündlicher
Sprachgebrauch:
 	
Schriftlicher Sprachge-
brauch:
	– Erlebnisse lebendig und folgerichtig erzählen
	– Zusammenhängend erzählen
	– Einfache Informationen verstehen und weitergeben
	– In einfacher Form Kennzeichnendes aussagen
	– Auf einfache Gesprächsregeln aufmerksam werden
	– Erfahrungen sammeln, wie man sich in einfachen Sprechsituationen
	  verhält, z.B. seine Meinung sagen, nachfragen, erkundigen
	– Einfache Sachverhalte aufschreiben
	– Wünsche und Aufforderungen in einfacher Form schriftlich
	  darstellen
	– In einfacher Form die eigene Meinung begründen
	– Erlebnisse in kurzen Sätzen aufschreiben

Heimat- und Sachkunde:	– Freude am Spielen – Erfahrungen im Umgang mit einfachen Spielgegenständen
Kunsterziehung	– Zeichnen und Malen mit farbigen Stiften und Kreiden – Grunderfahrungen im darstellenden Spiel
Musik- und *Bewegungserziehung:*	– Kenntnis von altersgemäßen Texten und Liedern
Rahmenbedingungen:	2. Jahrgangsstufe einer Nürnberger Modellklasse 26 Kinder, 13 Mädchen/13 Jungen 6 türkische Schülerinnen, 2 türkische Schüler, 1 polnische Schülerin, 1 amerikanischer Schüler, 8 deutsche Schülerinnen, 8 deutsche Schüler

Projektverlauf:

1. *Im Erzählkreis* äußern sich die Kinder frei zum präsentierten Bild. Vorwiegend äußern sie Beschreibungen und Vermutungen. Türkische Kinder sprechen wahlweise in deutscher oder türkischer Sprache.

2. *Ein Gemeinschaftscluster* entsteht:
   Die wesentlichen Aussagen werden an der Tafel in deutscher und türkischer Sprache festgehalten.

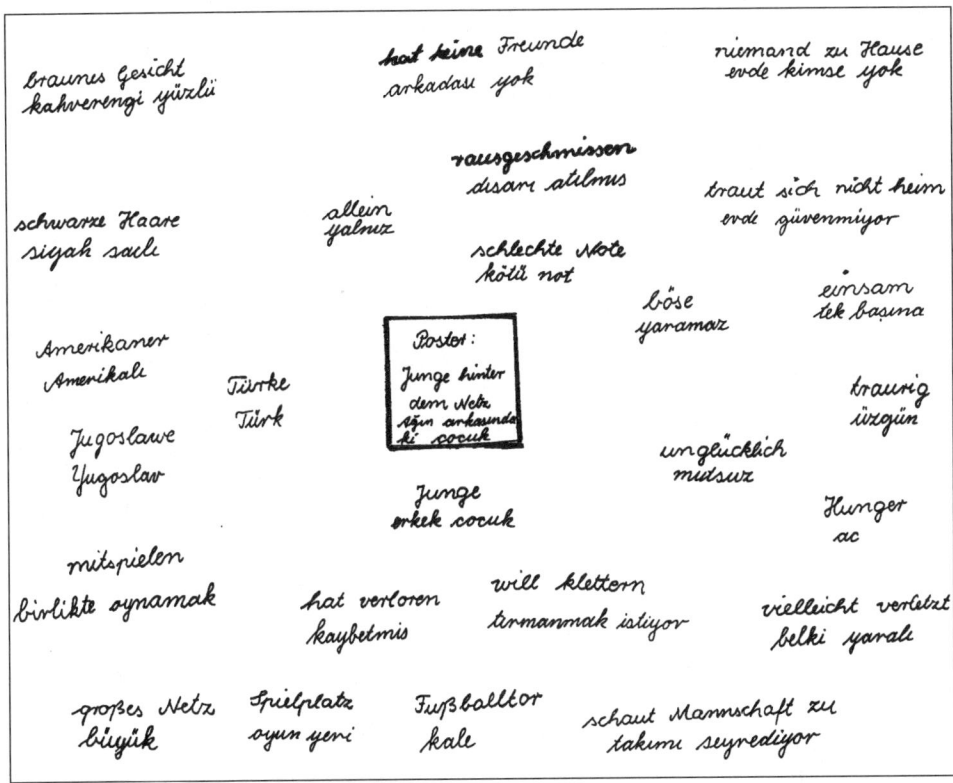

3. *Individuelle Cluster* werden von den Kindern im Anschluß daran erstellt. Hilfestellung beim Schreiben erhalten sie durch die Tafelanschrift und durch die beiden Lehrer.
   Es steht den Kindern frei, in welcher Sprache sie ihren Cluster verfassen. Alle entscheiden sich jedoch für die deutsche Sprache.
   In Gruppengesprächen werden die Texte gelesen, erklärt und besprochen.
4. *Szenisches Spiel* ergibt sich aus dem Impuls »Ein fremdes Kind kommt dazu.«
   Bei den Darstellungen geht es vorwiegend darum,

   – warum der Junge nicht mitspielen darf/warum er allein ist
   – wie es dazu kommt, daß er doch mitspielen darf
   – wie es zum Beginn einer Freundschaft kommt.

5. *In Sprechreihen* (wahlweise in deutscher oder türkischer Sprache) erzählen die Kinder, wie ein Freund/eine Freundin sein soll,
   »Mein Freund/Meine Freundin soll …   … soll nicht …«
   wie Freunde/Freundinnen sich verhalten,
   »Freunde/Freundinnen … «
   und was sie mit einem Freund/einer Freundin gemeinsam tun,
   »Mit meinem Freund …/Mit meiner Freundin …«

6. *In individuellen Notizen* halten die Kinder die speziell für sie wichtigen Aussagen fest. Die Notizen werden teils noch überarbeitet und mit Zeichnungen versehen. An der Pinnwand bieten sie für einige Tage Gesprächsanlässe.

7. *Im Erzählkreis* werden zwei Fotos dargeboten: Jeweils zwei Kinder, die sich offensichtlich gut verstehen, die Freunde sind.
   Dazu kommt der Text: Zwei Freunde – ein schöner Nachmittag.
   Die Kinder stellen Vermutungen an und verfallen rasch ins Schildern persönlicher Erlebnisse.

8. *Die Textproduktion* »Zwei Freunde – ein schöner Nachmittag« ergibt sich danach.
   Die Kinder entscheiden selbst, ob sie eine eigene Geschichte sofort aufschreiben oder zunächst noch in der Gruppe ausführlicher erzählen und zuhören und erst etwas später mit dem Schreiben beginnen.
   Im Türkischunterricht entstehen Texte in türkischer Sprache.

9. *Einer Zeichnung* »Freunde – ein schöner Nachmittag« räumen einige Kinder den Vorrang ein. Sie greifen unmittelbar nach dem Erzählkreis zu den Buntstiften und entschließen sich erst später zur Textproduktion.
   Die meisten Kinder zeichnen erst, nachdem sie ihre Geschichte aufgeschrieben haben.

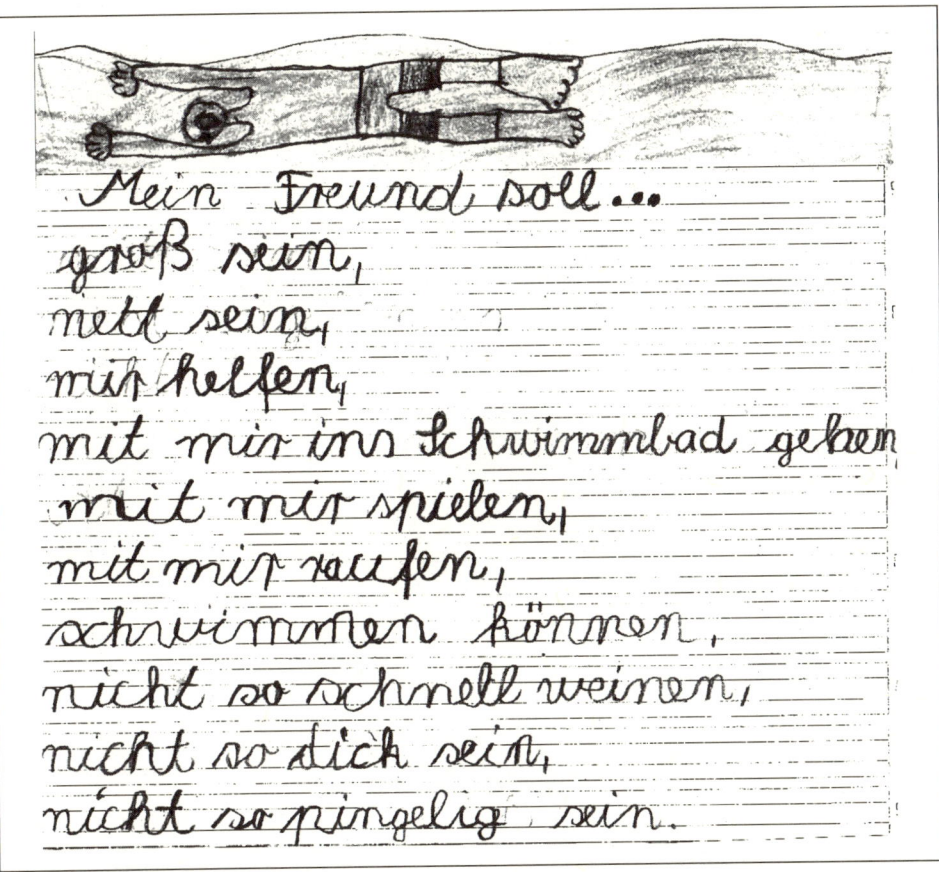

Mein Freund soll...
groß sein,
nett sein,
mir helfen,
mit mir ins Schwimmbad gehen,
mit mir spielen,
mit mir raufen,
schwimmen können,
nicht so schnell weinen,
nicht so dick sein,
nicht so pingelig sein.

10. *Der Textvortrag* führt im Gesprächskreis zu regem Nachfragen, zu Vermutungen, Vorschlägen und schließlich zu einer Überarbeitung der Texte. Dabei werden (wieder einmal) Gesprächsregeln und deren Notwendigkeit bewußt. Das Einhalten fällt dennoch schwer.

11. *Die Überarbeitung* der Texte ergibt sich aus dem Gesprächskreis. Beide Lehrer leisten auf Wunsch individuelle Hilfe. Darüber hinaus regen die Lehrer nach gründlicher Durchsicht der Texte in einigen Fällen noch zu weiterer Überarbeitung an.

12. *»Gemeinsam spielen* – auch in der Schule« wünschen sich die Kinder. Nach vielen Spielvorschlägen und -erklärungen wird zwischen »Innen-Spielen« und »Draußen-Spielen« unterschieden.
Die Kinder bringen »Innen-Spiele« mit, stellen sie vor und spielen in Gruppen.

13. *Das »Freundeheft«* für die Klassenbücherei wird aus den allmählich fertiggestellten Schülertexten und -zeichnungen zusammengestellt. Vorder- und Rückseite erhalten einen farbenfrohen Pinseldruck. Wie auch die anderen Klassenhefte ist das »Freundeheft« bei der Ausleihe stets sehr begehrt.

14. *Das Lied »Wahre Freundschaft …«* wird mit großem Eifer in beiden Sprachen gelernt, geübt und immer wieder gesungen.

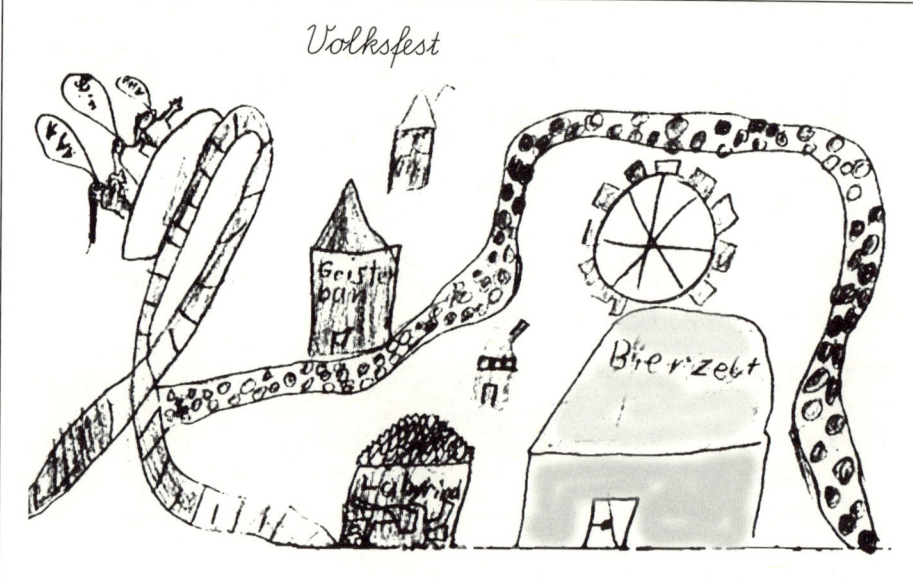

Volksfest

Zwei Freunde – ein schöner Nachmittag

Gleich nach der Schule gehen Sonja und Bianca Eis essen. Sie haben ihre Schwimmsachen gleich dabei und gehen ins Bad. Die Sonne scheint, und nach dem Schwimmen gehen sie zum Volksfest. Sie kaufen sich noch ein ganz großes Zuckerherz. Dann fahren sie mit dem Wikingerschiff, Enterprise und Riesenrad. Danach gehen sie ins Spiegel-Enzian- und Weinglaslabyrinth. Sie essen eine Bratwurstsemmel und trinken Cola. Hinterher schauen sie im Kino die Filme „Ein Hund namens Beethoven" und „Dirty Dancing" an. Über Nacht schlafen sie bei Bianca.

9. Projekt: Traumgeschichten

Projektphasen /
Verfahren des Kreativen
Schreibens
	1. Visuelle Vorlage – Musik – Clustern – spontanes Schreiben
	2. Textanalyse, Autoreninterview
	3. Systematisierung I: Begründen mit »weil«
	4. Schreibwerkstatt I: Überarbeiten der Texte
	5. Literarische Vorlage: »Leben« von Nazim Hikmet
	   (in: »Unterwegs«. Lesebuch 6. Schuljahr. Stuttgart 1992) –
	   spontanes Schreiben
	6. Systematisierung II: Gliedsatzanfang »wenn«
	7. Gemeinsame Textproduktion als Nachschriftvorlage
	8. Schreibwerkstatt II: Endfassung und Gestaltung
	9. Reflexion

Aspekte des Sprachunterrichts

Verknüpfung von kreativem Schreiben und systematischer Spracharbeit, um Schreibprozesse zu aktivieren bzw. zu reflektieren und um grammatische Notwendigkeiten zu
begründen

Einbeziehung des muttersprachlichen Unterrichts

Lesen und besprechen des Gedichts »Leben« in türkischer und deutscher Sprache
(Teamteaching)

Lernziele

Schriftlicher Sprachgebrauch:	– Erfundenes Geschehen darstellen

Mündlicher Sprachgebrauch:	– Informationen erfragen, Auskünfte erteilen,
	  Meinungen äußern
	– Gespräch und Diskussion als Unterrichtsform
	  in Verbindung mit anderen Lernbereichen

Sprachbetrachtung:	– Satzbaumuster kennen und situationsgerecht
	  anwenden
	– Sätze miteinander verknüpfen: Satzreihe und
	  Satzgefüge: Konjunktionen »weil« und »wenn«
	  und ihre Funktionen

Rechtschreiben:	– Großschreibung namentlich gebrauchter Zeit- wörter; gleich- und ähnlich klingende Laute – Häufig vorkommende Wörter richtig schreiben – Geläufig und gut lesbar schreiben
Lesen:	– Lesen und Vortragen eines Gedichts

Rahmenbedingungen

6. Jahrgangsstufe einer Nürnberger Modellklasse – 22 Schüler – 10 türkische (4 weibliche, 6 männliche) Schüler – 1 serbischer Schüler – 1 italienischer Schüler – 10 deutsche (8 weibliche, 2 männliche) Schüler

Projektphasen

1. Visuelle Vorlage,

dazu Musik von Andreas Vollenweider. Bild und/oder Musik werden im Verlauf des Projektes immer wieder aufgegriffen.

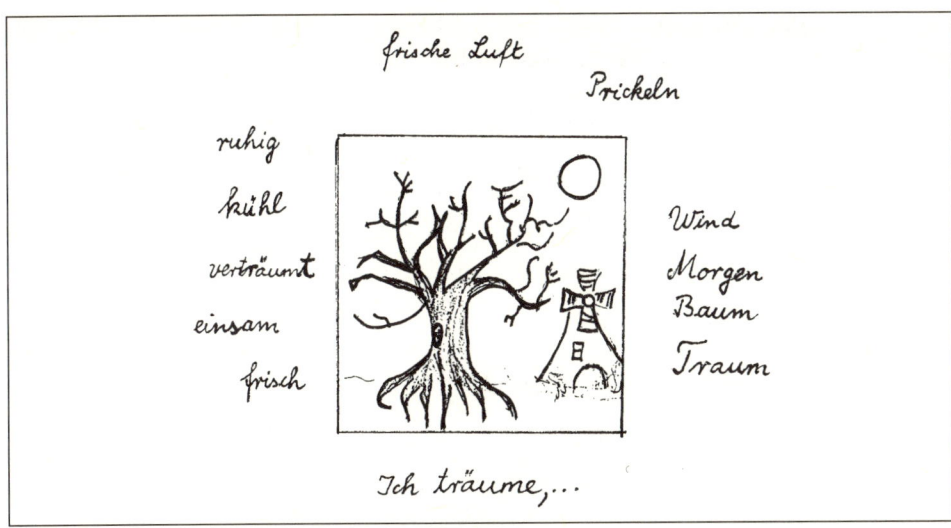

Nach dem Cluster erstes, spontanes Schreiben.

2. Textanalyse, Autoreninterview

Exemplarische Behandlung einzelner Texte durch Autorinterview; dadurch bereits erste Überarbeitungsvorschläge.

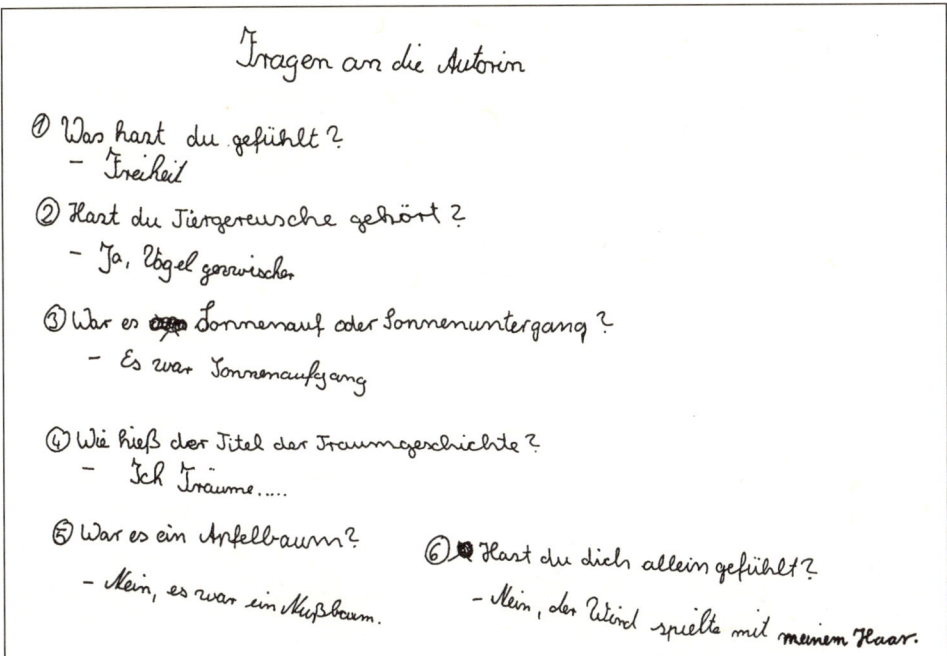

3. Systematisierung I

Die Arbeit eines Schülers mit dem deutlich erkennbaren Problem »Wie kann man im Satz begründen?« wird im Klassenplenum besprochen und wird Ausgangspunkt für Sprachbetrachtung: kausale Nebensätze.

> Auf einmal kommt ein Wind und
> wühlt mein Haar durcheinander.
> Aber ich bin nicht aufgestanden,
>
> Der Traum war wie kein anderer.
>
> Michi

4. Schreibwerkstatt I

In der Schreibwerkstatt (vgl. S. 52–54) werden die Erstentwürfe überarbeitet. Auf Wandzeitungen werden Fragen an die Autoren notiert, Rechtschreibfälle fixiert und überarbeitete Ergebnisse zur Diskussion gestellt. Zu bearbeitende Probleme oder neue Ideen werden als Wandzeitung festgehalten.

5. Literarische Vorlage

Zweisprachige Besprechung des Gedichts »Leben« von Nazim Hikmet im Teamteaching; die Interpretation durch die Schüler führt zur Übertragung auf die eigene Situation und zur Erstellung eigener kurzer Texte.

Leben	Yaşamak
wie ein Baum	bit ağac gibi
einzeln und frei	tek ve hür
und brüderlich	ve bir orman gibi
wie ein Wald	kardeş çesine
das ist unsere	bu hasret bizim
Sehnsucht	

> Wenn ich einsam bin da kirickih, Angst
> Wenn ich mich einsam füle dan bin ich
> als in einem schwarzen loch gefalen weil ich mich
> einsam füle

6. Systematisierung II

Konjunktion »wenn«; authentische Schülertexte als Arbeitsgrundlage; Üben anhand operativer Verfahren (Ersatzprobe).

> Wenn ich einsam bin, dann kriege ich Angst.
> Wenn ich zuzweit bin, dann kriege ich Mut.
> Wenn ich alt bin, dann kriege ich Flecken.
> Wenn ich allein bin, dann kriege ich Gänsehaut.

7. Produktion einer Nachschrift

Aus dem Projektverlauf heraus erstellen die Schüler gemeinschaftlich einen eigenen Text, der als Nachschriftvorlage dient.

8. Schreibwerkstatt II

Endfassung und künstlerische Gestaltung der Texte.

> Ein Traum vom Schweben
>
> Ich nahm ein Kissen und eine Decke und legte mich draußen hin. Dann ließ mich der Wind schweben direkt nach Paris, und dort war ich in Disneyland. Da habe ich so viel Spaß gehabt, weil ich Achterbahn gefahren bin. Dann bin ich aufgewacht und es war wieder alles vorbei.

9. Projektreflexion

Gemeinsames Reflektieren unter Einbeziehung sprachlicher und sozialer Kriterien; mögliche Leitfragen sind z.B.:

– Wie war die Zusammenarbeit? – Wurden unsere Fragen beantwortet?
– Wo haben wir Informationen bekommen? – Was würden wir anderen Schülern empfehlen?

Einbeziehung des muttersprachlichen Unterrichts

Außer der Gedichtbehandlung im Teamteaching ist innerhalb dieses Projektes die Unterrichtssprache Deutsch. Innerhalb der Gruppen werden jedoch verschiedene inhaltliche und sprachliche Arbeitsschritte in der Muttersprache erörtert.

Hilfen für die eigene Projektplanung

Visuelle Vorlage:
Zeichnung einer argentinischen Schülerin aus Cordoba (14 Jahre) zum Thema »Komm, ich zeig' Dir mein Land«

Musik:
Andreas Vollenweider, »Behind the Gardens – Behind the Wall – Under the Tree …«, © 1981 veraBra records im Vertrieb von CBS Schallplatten GmbH/Printed in Holland; Side 1: Behind the Gardens …, Side 2: Hands and Clouds

Gedicht »Leben« von Nazim Hikmet, entnommen aus: »Unterwegs«, Lesebuch 6. Schuljahr, Ernst Klett Schulbuchverlag, Stuttgart 1992

F Kreatives Schreiben – und was dann?

Ich mage nich gern zu turm und zoo gehn und das die Autos sind so laut. Und ich bin ima traurig. Die loite ima schmeisen die Papire auf dem boden und das die imer schlegen und klaun. Mir noh nich gefelt wi Muta und Fata streiten, das ist ales.

1 Es war einmal ein Schäfer der achten Sch-afen 7 und aines tages hate der jang Ali gerufe Hilfe Hilfe die Schafen werden von dem wölfen angegifen und die von dem Huysan gekomen und Stökgeoult und Sta-eine gehhlt aber da waren kaine wölf ales umsanst und gennäch Hause.

1. Authentische Schülertexte: unantastbare Kunstwerke oder nur »normale Aufsätze?«

Die Überarbeitung oder Verbesserung von Texten hat eine lange, leidvolle Tradition in der Schule. Während Lehrkräfte es häufig als Last empfinden, daß sie einen »ganzen Stoß Aufsätze« zu korrigieren haben, klagen unsere Schülerinnen und Schüler über zu viele Korrekturen, die ihren Text »verreißen«, bis nicht mehr viel von ihm übrigbleibt – außer »roten Verwüstungen«.

Diesem *Dilemma* könnte die kreative Schreibdidaktik begegnen, indem sie authentische Schülertexte wie »kleine, unantastbare Kunstwerke« behandelt, sie keiner Korrektur oder Bewertung unterzieht und dann nur »traditionelle Aufsätze« benotet.

Dadurch würde allerdings ein weiteres Problem entstehen: die *Trennung des Sprachunterrichts* in einen Teil, zu dem Arbeit, Leistung und Noten gehören, und in einen anderen Teil, in dem sich Kreativität, Phantasie und Freude entfalten können. Letzterer würde aber leider ein »Nischendasein« führen, weil er dann – im Bewußtsein von Schülern und Lehrkräften – nicht zur Benotung herangezogen werden darf.

Welchen Weg soll man nun im Umgang mit Schülertexten, die im Rahmen kreativer Schreibverfahren entstanden sind, beschreiten? Soll man sie im Sinne »kleiner Kunstwerke« unantastbar und unverändert lassen oder traditionell, wie bisher, Fehler für Fehler anstreichen?

Weder der eine noch der andere Weg ist unserer Meinung nach geeignet, Sprachförderung in optimaler Weise umzusetzen: Im ersten Fall ignorieren wir, daß Zweitsprachenlerner ganz besonders das Recht auf Korrektur haben, damit sich ihre Fehler nicht verfestigen. Im zweiten Fall entmutigen wir unsere Schülerinnen und Schüler und nehmen gar in Kauf, daß sie in Zukunft nur solche Gedanken aufschreiben, bei denen sie wenig Fehler produzieren, die aber nicht das ausdrücken, was sie wirklich mitteilen wollen – eine Reduktion von Originalität und Authentizität ist dann immer die Folge. Wir gehen dabei von folgenden Überlegungen aus:

- Man schmälert eine Schülerleistung nicht dadurch, indem versucht wird, den Text besser zu machen, ausführlicher zu formulieren, Rechtschreibfehler zu eliminieren oder den Ausdruck zu verfeinern – im Gegenteil, man trägt zu einer Optimierung der Leistung bei. Wichtig ist dabei, daß diese Korrektur nicht als *abwertend* verstanden und der Text nicht so verändert wird, daß ihn die Autoren nicht mehr wiedererkennen.

- Auf der anderen Seite sollten wir auch, nachdem unsere Schülerinnen und Schüler Lust und Freude am Schreiben gewonnen haben, nicht wieder unreflektiert auf alte, ausgefahrene Wege zurückkehren, indem »Schüleraufsätze« Wort für Wort und Satz für Satz »durchkämmt« werden auf der Suche nach Fehlern, die dann fein säuberlich angestrichen und meist noch mit konkreten Verbesserungsvorschlägen versehen werden. Unlust und Motivationsverlust sind bei einer solchen Vorgehensweise häufiger die Folge als echter Lernzuwachs. Spaß am Schreiben bleibt dann oft auf der Strecke.

- Kreatives Schreiben läuft in einem angstfreien Rahmen ab; das heißt, daß auch ohne *Angst vor Fehlern* geschrieben wird. Es ist von großer Bedeutung, daß diese Atmosphäre erhalten bleibt und nicht durch *Angst vor Benotung oder Korrektur* gestört wird.

- Wir sind als Lehrkräfte natürlich überfordert, wenn wir den Anspruch haben, alles gleichzeitig leisten zu wollen, das heißt, bei einem Schülertext immer *möglichst alle Sprachbereiche* zu berücksichtigen: die Rechtschreibung, die Grammatik, den Inhalt – und dann auch noch außersprachliche Faktoren!

Dies ist nicht möglich und auch nicht sinnvoll, da Schülerinnen und Schüler nur eine begrenzte Aufnahmekapazität haben. Es ist daher effektiver, *weniger*, aber dafür dies *gründlicher* zu tun. Gerade im interkulturellen Sprachunterricht stellt es eine Überforderung für Lehrkräfte, Schülerinnen und Schüler dar, wenn sie dem Anspruch genügen wollten, *alles gleichzeitig* leisten zu wollen.

Es bietet sich daher eher an, *schwerpunktmäßig* vorzugehen und dabei im Verlauf des Schuljahres innerhalb der Schwerpunkte sinnvoll *abzuwechseln*. So können einmal bei einem Text die Rechtschreibfehler vernachlässigt werden, wenn inhaltliche Gesichtspunkte im Vordergrund stehen. Ein andermal kann die Satzstellung den Schwerpunkt der Überarbeitung bilden, während inhaltliche Kriterien keine Rolle spielen.

Das bedeutet, daß *»Mut zur Lücke«* gefragt ist, Falsches vorerst stehenbleibt und Schritt für Schritt im Laufe der Zeit auf die verschiedenen sprachlichen Bereiche und damit auf die individuellen Probleme der Lerner eingegangen wird. Sprachliche Förderung in interkulturellen Lernkonzepten ist *behutsam* und *geduldig* und erfordert Zeit. Ansonsten läuft man Gefahr, Kinder zu überfordern statt zu fördern. Wir möchten dazu ermuntern, den Weg der *punktuellen und schwerpunktmäßigen Übearbeitung* zu wählen – nach dem Motto: *»Weniger ist mehr.«*

Auch bei der *Benotung* nehmen wir uns die Freiheit, einmal nur unter einem bestimmten Aspekt eine Schülerarbeit zu bewerten und die anderen sprachlichen Bereiche nicht zu berücksichtigen. So hat auch ein orthographisch oder grammatisch fehlerhafter Text die Chance, sehr gut oder gut zu sein, wenn er die inhaltlichen Kriterien voll erfüllt.

2. Ein verändertes Verständnis vom Fehler: Der Fehler als Leistung

2.1 Fehler als Bewertungsmaßstab

Bevor wir auf einzelne Methoden und Verfahren eingehen, die sich im Umgang mit authentischen Schülertexten bewährt haben, möchten wir uns kritisch mit der traditionellen Art, Schülertexte zu korrigieren und zu bewerten, auseinandersetzen und *für einen anderen Umgang mit sprachlichen Abweichungen oder Fehlern* plädieren:

Die übliche Art, Schülertexte zu verbessern und Schülerleistungen zu beurteilen, ist das *Anstreichen* von Fehlern: Die Anzahl der Fehler wird herangezogen, um die sprachlichen Fähigkeiten – die Leistung – eines Schülers oder einer Schülerin zu bewerten, was sich letztendlich in der Notenskala von 1 bis 6 ausdrückt oder darin, daß die Verfasser ihre Texte »vor lauter Rot« nicht mehr wiedererkennen können.

Fehler sind also ausschlaggebend dafür, was und wieviel verbessert werden muß und wie gut eine Leistung ist. Dabei unterliegen alle Schülerinnen und Schüler den objektiv gleichen Maßstäben, nämlich den momentan geltenden Normen der Sprache: *Als Fehler gilt, was von der Norm abweicht.*

Wenn also beim Umgang mit Schülertexten das oberste Ziel sein soll, alle Fehler zunächst von der Lehrkraft identifizieren und dann von den Schülern verbessern zu lassen, dann ist es sicherlich sehr schwierig, die durch die neuen, kreativen Schreibverfahren angebahnte positive Haltung und die gute Motivationslage der Kinder und Jugendlichen beim und zum Schreiben aufrechtzuerhalten, weiter zu fördern oder zu verstärken. Eine positive Verstärkung besteht beim traditionellen Vorgehen nur darin, *nicht* anzustreichen – es würden also keine oder wenige Fehler gemacht.

Bei der Verbesserung geht der »verständnisvolle Pädagoge«, der sich dieses Dilemmas bewußt ist, oftmals dazu über, (vermeintlich) positiv zu verstärken, indem er unter das Diktat, bei dem beispielsweise von insgesamt 40 Wörtern 33 fehlerhaft sind, schreibt: »Schon sieben Wörter richtig geschrieben – zwei mehr als beim letzten Diktat. Weiter so!« Wenn es allerdings um die Benotung geht, ist es trotzdem eine Sechs.

Auch dies trägt nicht zu einem stimulierenden Lernklima bei, denn wir würden unsere Schülerinnen und Schüler unterschätzen, wenn wir tatsächlich glaubten, sie könnten dieser wohlgemeinten Bemerkung – auch ohne Benotung – nicht den richtigen Stellenwert beimessen: Sie wissen sehr wohl, daß sie sich am untersten Ende der Rangskala bewegen, wenn sie in einem Diktat von 40 Wörtern nur 7 richtig geschrieben haben – auch wenn die Lehrkraft in bester Absicht »Weiter so!« anmerkt.

2.2 Sprachliche Entwicklung und Fehler

Wir sind der Meinung, daß in einem Schülertext nicht nur Fehler angestrichen, sondern auch die Wörter, Sätze und Textteile oder interessante sprachliche Wendungen, die der *Norm* entsprechen, einbezogen und gewürdigt werden sollten, weil dadurch die Sprachkompetenz der Schülerinnen und Schüler zu einem bestimmten Zeitpunkt umfassender erfaßt werden kann.

Das folgende Beispiel (aus dem Bereich der Rechtschreibung) zeigt, daß auf diese Weise Aussagen zum Lernfortschritt der Schüler möglich sind, die durch das bloße Anstreichen der Fehler sonst niemals sichtbar werden:

Wir haben uns mit den in etwa dreimonatigem Abstand entstandenen, von der Länge her vergleichbaren Texten einer spanischen Schülerin in einer 4. Klasse befaßt, und zwar unter dem Aspekt der Verbesserung ihrer Rechtschreibkompetenz im Deutschen. Wir haben versucht, speziell die Entwicklung im Bereich des *Dehnungs-h* einzuschätzen.

In der folgenden Übersicht haben wir die Fehler in den drei Texten im Zusammenhang mit dem *Dehnungs-h* aufgelistet:

Text	Text 1	Text 2	Text 3
Fehler	ser faren ir	ser Benemen Jar	ir faren get

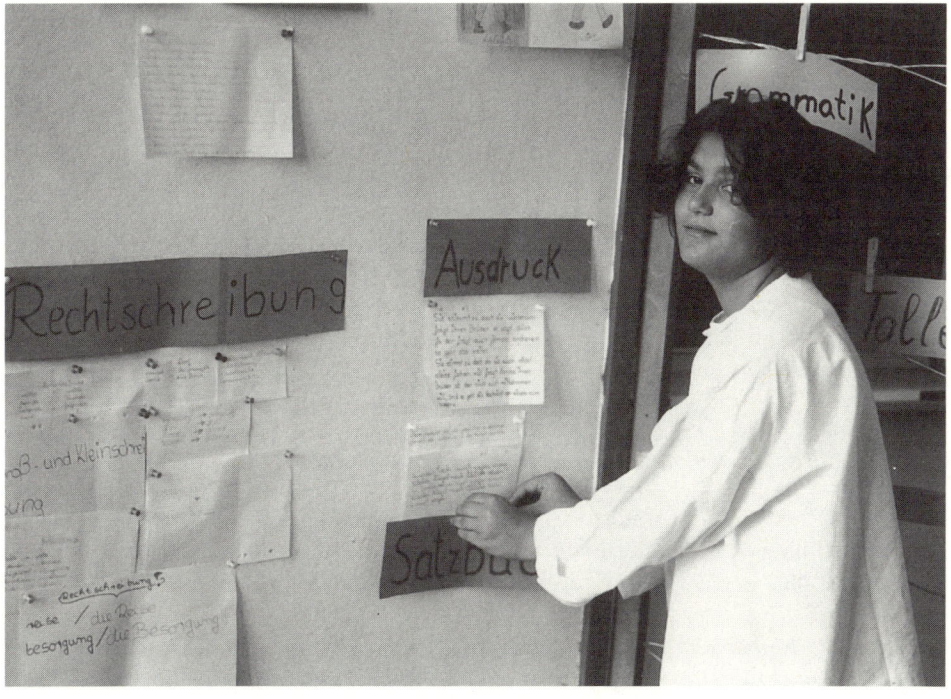

Bei der bloßen Analyse der *Fehler* kann man feststellen, daß Carmen in allen drei Texten jeweils drei Fehler zum Dehnungs-h gemacht hat; weiterhin fällt auf, daß sich sogar zwei Fehler des ersten Textes im dritten Text (also nach etwa einem halben Jahr) wiederholen. Die Annahme liegt nahe, daß Carmen eigentlich keinen Fortschritt gemacht hat.

Zu einer ganz anderen Aussage kommt man, wenn man in der Aufstellung auch die Wörter berücksichtigt, die im Zusammenhang mit dem Dehnungs-h *richtig geschrieben* wurden:

Text	Text 1	Text 2	Text 3
abweichende Schreibung	ser faren ir	ser Benemen Jar	ir faren get
korrekte Schreibung		sehr nahm ihr ihr	sehr fahren ihr mehr ihm ihn gehst

Bei einer solchen Analyse, die neben den fehlerhaften Wörtern auch die richtig geschriebenen berücksichtigt, wird deutlich, daß Carmen, obwohl sie in *allen* Texten jeweils *drei* Fehler beim *gleichen* sprachlichen Phänomen gemacht hat, durchaus Fortschritte erzielt hat.

Im ersten Text wird ersichtlich, daß kein einziges Wort mit Dehnungs-h in korrekter Schreibweise auftaucht. Offensichtlich war Carmen zu diesem Zeitpunkt die Regel, daß zur Kennzeichnung der Länge eines Vokals im Deutschen in vielen Wörtern ein zusätzlichen »h« geschrieben wird, *noch nicht bekannt*.

Es tauchen dann im *zweiten Text* zusätzliche fehlerhafte Wörter auf, die zeigen, daß Carmen nun die Regel *kennt*, sie diese aber noch nicht *durchgängig* anwendet. Weiterhin fällt in diesem Text auf, daß ein Wort (sehr – ser) zweimal vorkommt, einmal in richtiger und einmal in abweichender Schreibweise. Carmen hat sich also »auf den Weg gemacht« und befindet sich im Lernprozeß.

Der dritte Text bestätigt dies nachhaltig. Carmen hat zwar drei Wörter mit Dehnungs-h falsch, dafür aber insgesamt sechs richtig geschrieben. Noch beherrscht sie die Regel nicht *sicher*, aber der Verlauf des Lernprozesses zeigt, daß sich Carmen (bei diesem kleinen sprachlichen Teilbereich) enorm hat verbessern können, eine Aussage, die nicht möglich gewesen wäre

- ohne die *Einbeziehung der korrekten Wörter* und
- ohne die *Berücksichtigung vorausgehender und nachfolgender Texte*.

Es wird deutlich, daß der traditionelle Ansatz im Umgang mit Texten keine sprachliche Entwicklung von Schülerinnen und Schülern aufzeigen kann und daß *objektiv* gleiche oder gleichartige Fehler(zahlen) *subjektiv* eine unterschiedliche Aussage besitzen können.

Durch die *Einbeziehung vorausgegangener und nachfolgender Texte* kann ein wesentlich differenzierterer Eindruck von der Leistung und der sprachlichen Entwicklung eines Schülers oder einer Schülerin gewonnen werden, als es bei der herkömmlichen Herangehensweise der Fall ist. So hat Carmen durchaus Fortschritte gemacht, was allein durch die Feststellung, daß sie in den drei Texten zum gleichen sprachlichen Phänomen jeweils die gleiche Anzahl von Fehlern gemacht hat, nicht erkennbar war.

Wenn man der Sprache eines Schülers oder einer Schülerin umfassend gerecht werden möchte, muß man also den Text nicht nur im Vergleich mit denen der anderen Klassenkameraden zum gleichen Zeitpunkt sehen, sondern ihn auch mit *zurückliegenden* und *späteren* Texten der jeweiligen Schüler vergleichen.

2.3 Der Fehler als kreative Leistung

Auch die *Fehlerlinguistik* (Bierwisch 1970; Rug/Wagner 1975; Cherubim 1980) lehnt die bisherigen Vorstellungen vom Fehler ab und spricht, um dem Begriff das Abwertende zu nehmen, eher von *Abweichungen*. Abweichungen werden in der Fehlerlinguistik als wichtige Daten gesehen, die, besser als korrekte sprachliche Äußerungen, Aufschluß über den Verlauf des Spracherwerbsprozesses geben können; sie sind also *Resultate des Sprachlernprozesses,* notwendige Bestandteile der Sprache der Lernenden auf dem Weg hin zur Standardsprache. Deshalb darf es nicht das oberste Ziel von Sprachunterricht sein, Fehler zu vermeiden (oder sie gar zu sanktionieren), sondern sie als *positive aussagekräftige Leistungen* zu sehen.

Felix (1978) hat diesen Ansatz um den *Entwicklungsaspekt* erweitert und gefordert, Fehler nicht isoliert und punktuell zu betrachten, sondern auch die vorausgegangenen und späteren sprachlichen Äußerungen mit einzubeziehen, so wie es bei der Analyse von Carmens Texten geschehen ist.

Durch die Analyse sprachlicher Abweichungen kann man nach deren *Ursachen* suchen, was für den Spracherwerbsprozeß hilfreicher ist als Fehler krampfhaft *vermeiden* zu wollen. Deshalb läßt interkulturelle Sprachdidaktik Fehler zu, erlebt sie nicht als störendes Verhalten und betrachtet sie auch *unter kreativem Aspekt:*

Bei den meisten Fehlern, die gemacht werden, hat sich der Lerner etwas gedacht: Er hat, um nur ein paar Beispiele zu nennen, fälschlicherweise verallgemeinert (*übergeneralisiert*), er hat, was bei ausländischen Schülerinnen und Schülern oft der Fall ist, Regeln der Muttersprache in unzutreffender Weise auf das Deutsche übertragen (*Interferenzfehler*), er hat etwas vereinfacht (*Simplifizierung*), verwechselt oder einfach kreativ und aktiv Sprache produziert (die dann leider nicht mit den Normen der Zielsprache übereinstimmt): Je *kreativer* ein Lehrer ist, um so leichter fällt es ihm, neue Sätze zu bilden oder (was besonders für ausländische Schülerinnen und Schüler von großer Bedeutung ist) Sätze zu verstehen, von denen er nicht alles verstanden hat.

Wir orientieren uns an diesem Verständnis vom *Fehler als einer kreativen, positiven und aktiven Leistung*, als einem *notwendigen, unvermeidbaren* und *informativen Bestandteil* der Sprache der Lernenden auf dem Weg zur korrekten Zielsprache.

Ziele einer Textüberarbeitung sind daher nicht primär die Bewertung und Benotung der Texte, sondern das *Anbieten von Hilfestellungen* zur *Reduzierung der Abweichungen,* wobei die Planung und Koordinierung des Unterrichts im Klassenverband einerseits und die individuelle Förderung andererseits eine gleichermaßen wichtige Rolle spielen.

Die folgenden Beispiele aus dem Bereich der *Wortbildung* zeigen, wie mit Sprache

Übergeneralisierung[1]	Simplifizierung[2]	Interferenz[3]
kommte (analog zur Imperfektbildung wie bei drücken – drückte)	Gebrauch von: »de« für alle Artikel (individuelle Lexikalisierung)	Schreibung von »s« für »sch«: »Sule« (= Schule) (s wird im Türkischen wie »sch« ausgesprochen)
Er hat gekaufen (analog zur Bildung des Part. Perf. Pass. wie bei laufen – ist gelaufen)	»Ball« für runden Gegenstand (z.B. Mond) (Ersatz eines Wortes durch ein anderes)	Verwendung von »Karte« für »Brief« (»carta« im Spanischen heißt »Brief«)
Babyzeit (analog zu Jugendzeit)	»machen« für werfen, sägen, fallen etc. (Gebrauch von unspezifischen Wörtern)	Weglassen des »I-Punktes«: (Verwechslung mit dem türkischen Laut »ı«)

1 Bei der Übergeneralisierung werden Regeln auf Kontexte übertragen, in denen sie nicht anwendbar sind.
2 Bei der Simplifizierung handelt es sich um vereinfachte Strukturen und Elemente der Zielsprache.
3 Fehler und Abweichungen, die sich auf muttersprachliche Einflüsse zurückführen lassen.

spielerisch und schöpferisch umgegangen und dabei ein positives Verständnis von Fehlern angebahnt werden kann: Kreative Abweichungen sind nicht nur erlaubt, sondern sogar *erwünscht*. Es wird auch deutlich, daß Regellernen durchaus mit Freude, Phantasie und Kreativität zu tun haben kann und gleichzeitig mit der Vermittlung sprachlicher Systematik auch kreatives Sprachpotential aktiviert wird.

Regel	regelhaftes Beispiel	kreative Wortschöpfung
Wortzusammensetzung: Substantiv + Substantiv	Kindergarten Indianerbuch Nachthemd	Spanienmädchen Babyzeit Kopfhose Fußfinger
Wortzusammensetzung: Verb + Substantiv/ Substantiv + Verb	Heulsuse Kochbuch	Strampelboot Fliegevogel Knastsitzer Schreibratte
Substantivierung von Adjektiven oder Verben durch Ableitung	Faulheit Verordnung Rennerei	Wutigkeit Verunordnung Sauberei

3. Der Schülertext als umfassende Sprachhandlung

Neben der Rechtschreibung kommen in den Schülertexten auch andere sprachliche Ebenen zum Tragen und machen sprachliche Kompetenzen und Defizite sichtbar. Dabei werden die Sprache (und Texte) der Schülerinnen und Schüler über den formal-sprachlichen Bereich hinaus auch von *außersprachlichen* und *psychosozialen* Faktoren beeinflußt. Die in den Texten sichtbar gemachten Erfahrungen, Probleme, Wahrnehmungen und biographischen Elemente der Kinder geben, über die Rechtschreibung und Grammatik hinaus, aufschlußreiche Informationen zum Verständnis der Sprache und zur Gesamtpersönlichkeit der Autorinnen und Autoren.

Gerade *authentische Schülertexte* sind durch ihre stark biographische Prägung in besonderer Weise geeignet, die Lernersprache der Kinder in umfassender Weise zu

dokumentieren, und tragen so zum Verständnis der spezifischen Situation der Schülerinnen und Schüler bei.

»Sprache ist nicht nur eine wichtige Voraussetzung sozialen Handelns, ... sondern Sprechen und Schreiben ist selbst eine Form sozialen Handelns. ... Die Analyse von sprachlichem Material erlaubt aus diesem Grunde, Rückschlüsse auf die betreffenden individuellen und gesellschaftlichen nicht-sprachlichen Phänomene zu ziehen« (Mayntz 1978, S. 151).

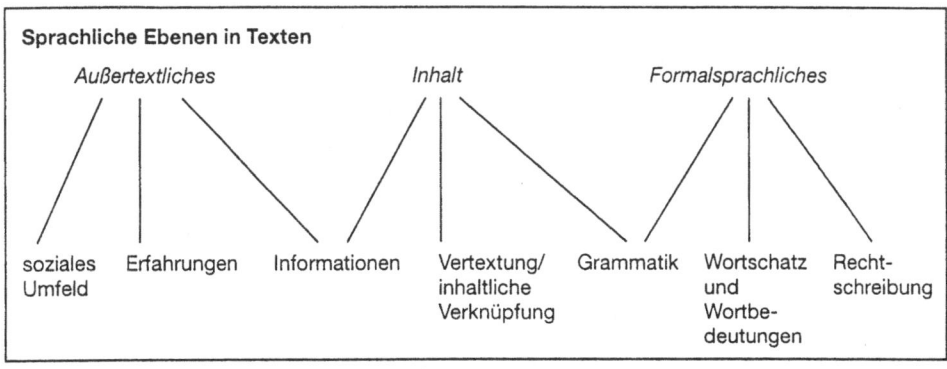

In authentischen Schülertexten, die im Rahmen kreativer Verfahren, die Spontaneität, Phantasie und Offenheit fördern, entstanden sind, werden diese außertextlichen sprachlichen Merkmale, primär *biographische Elemente*, besonders deutlich sichtbar.

Das folgende Beispiel zeigt, wie die Texte der aus Rumänien stammenden Schülerin Nicky über formalsprachliche Aspekte hinaus aufschlußreiche Informationen über ihre psychosoziale Situation geben, die zunächst auf der Grundlage der Beobachtungen der Lehrkraft dargestellt werden soll:

Nicky ist ein Aussiedlerkind. Sie kam Ende der 3. Jahrgangsstufe nach Deutschland, ein sehr freundliches und umgängliches Mädchen, allerdings auch sehr zurückhaltend, fast schon etwas passiv und defensiv, »oberbrav«, wie ein Mitschüler feststellte. Im Laufe der Zeit, etwa Mitte der 4. Klasse, wurde Nicky lebhafter und aktiver, begann, sich ab und zu kritisch zu äußern, und hatte auch den Mut, Konflikte zu thematisieren und auszutragen.

Nicky hatte vor allem im 1. Schulhalbjahr mit dem Wechsel von Rumänien nach Deutschland große Probleme: Sie vermißte ihre gewohnte Umgebung, vor allem die Natur und die Freizügigkeit, die sie dort genossen hatte, denn sie wohnte in Nürnberg in sehr beengten Verhältnissen im Übergangswohnheim.

Diese isolierte Situation und das starke Heimweh bestimmten das 1. Schulhalbjahr. Dann allerdings begann sich Nicky zu verändern: Sie sprach weniger von Rumänien und hatte neue Freundinnen, zwei spanische Mädchen, gefunden. Auch hatte die Familie endlich eine Wohnung bekommen – und Nicky ein eigenes Zimmer, was sie voller Freude und Stolz erzählte.

Nicky fing an, weniger der Vergangenheit nachzuhängen und eher über konkrete Perspektiven ihrer Zukunft hier in Deutschland nachzudenken. So wurde sie sehr ehrgeizig und nahm sich vor, ins Gymnasium zu gehen, wodurch sie viel mehr Engagement und Motivation als vorher entwickelte. Sie sprach auch den Wunsch aus, in den Sommerferien nicht nach Rumänien, sondern nach Spanien zu fahren.

Die Kontakte zu Marcela und Ica, ihren Freundinnen aus Rumänien (siehe Text 1), waren eingeschlafen, und Nicky unternahm von sich aus keine Anstrengungen mehr, diese Kontakte wieder aufleben zu lassen. »Marcela und Ica haben mir nur einmal geschrieben – und ich ihnen so oft. Jetzt habe ich auch keine Lust mehr«, sagte sie einmal.

Ich habe eine Freundin in Rumänien. Sie heißt Marcela. Sie ist in der achten Klasse. Ich habe noch eine Freundin die heißt Ica. Aber jetzt ... habe ich die Tina. Die Marcela kenne ich schon seit zehn Jahren und die Ica auch. Die Marcela war meine ganz ganz beste Freundin, wenn wir uns mal stritten dann versöhnten wir uns wieder. Wenn ich ihr ein Geheimnis sagte, dann sagte sie es nicht weiter.

Meine Oma heißt Katharina und ist 60 Jahre alt. Sie ist lieb, nett und lustig. Ich habe sie sehr lieb. Meine Oma lebt in Rumänien mit meinem Opa u. Urgroßmutter. Sie wohnen in einem Haus in

Sie wollen auch nach Deutschland kommen. Sie haben einen schönen Garten mit vielen Rosen.

Ich bin im Jahre 1990 aus Rumänien gekommen. Alle waren in der 3a sehr freundlich. Ich lernte Tina Pufescu kennen, die war eine sehr nette Freundin. Sie stammt auch aus Rumänien. In der vierten Klasse wurde es ein bißchen schwieriger und wir hatten noch einen Jungen aus Rumänien aber er ärgert uns immer. In der Klasse befinden sich 11 Mädchen und 11 Jungen insgesamt, das sind 22 Kinder. Ich möchte so gerne das wir uns alle mal treffen wenn wir schon in den anderen Schulen und Gymnasiums sind. Ich gehe in das Albrecht Dürer Gymnasium. In unserer Klasse war es immer sehr lustig.

> Meine Oma heißt Sara Graef.
> Sie ist 65 Jahre alt, sie ist auch lieb,
> u. nett, der   meiner Mutters Mutter.
> Sie lebt in Deutschland.

In Nickys Texten werden, wenn man von den formalsprachlichen Faktoren einmal absieht, viele außersprachliche Elemente deutlich, die die gerade gemachten Beobachtungen bestätigen:

- Während Nicky im ersten und zweiten Text fast ausschließlich von ihrem *Herkunftsland* Rumänien berichtet, ist der dritte Text mehr auf das *Jetzt und Morgen in Deutschland* orientiert.
- Im zweiten Text berichtet Nicky ohne Übergang und ohne dies ausdrücklich anzugeben, von ihren zwei Omas: Sie beginnt mit ihrer Oma in Rumänien und schreibt im zweiten Teil des Textes, praktisch als »Anhängsel«, vier Zeilen von ihrer Oma in Deutschland. Den Namen des Ortes, in dem ihre Oma lebt, hat sie schon vergessen, und sie vergißt immer wieder, ihre Eltern danach zu fragen, damit sie die Textlücke füllen kann.
- Interessant ist das Wort »*Da*« im ersten Text: »*Da* habe ich auch viele Freundinnen«. Statt »*Da*« sollte eigentlich normrichtig »*Hier*« stehen, denn es war damit Nürnberg gemeint, die Stadt, in der Nicky zum damaligen Zeitpunkt seit etwa vier Monaten lebte. Durch die ungewöhnliche Wortwahl wurde eine große Distanz zum »*Hier*« ausgedrückt, was auch der persönlichen Einstellung zu Nürnberg entsprach, denn eigentlich war Nicky dieses »*Hier*« noch viel ferner als das in Wirklichkeit räumlich entferntere Rumänien. So kann durch den abweichenden Gebrauch eines einzigen Wortes viel mehr ausgedrückt werden, als »tausend Worte vermögen«, nämlich die Probleme des Kindes auf den Punkt (oder »aufs Wort«) bringen.

Wir plädieren daher dafür, in Schülertexten gleichermaßen neben der Rechtschreibung, dem Wortschatz oder dem Satzbau auch die anderen Ebenen oder Bereiche zu beachten, um in *umfassender* Weise der Sprache der Schülerinnen und Schüler gerecht zu werden. Eine Hilfe und Ergänzung sind die von der Lehrkraft gemachten und schriftlich festgehaltenen *Schülerbeobachtungen*.

4. Schülerfragen statt Lehrerkorrekturen: Das Autoreninterview

Eine gute Möglichkeit zur Überarbeitung von Texten, wobei die Lehrkraft im Hintergrund steht und die Klasse stärker einbezogen wird, bietet das *Autoreninterview*:

Ein für alle Schülerinnen und Schüler der Klasse (mit Einverständnis der Verfasser und Verfasserinnen) vervielfältigter Text ist Anlaß *gemeinsamer und kritischer Reflexion*: Die Autorinnen und Autoren stehen im Mittelpunkt der Klasse; sie werden nach inhaltlichen Widersprüchen und Lücken gefragt, um Erklärungen gebeten; auch grammatische, orthographische oder semantische Abweichungen bzw. Besonderheiten können Thema eines solchen *Autoreninterviews* sein.

Bei dieser Methode bekommen die Autorinnen und Autoren noch einmal die Möglichkeit, das, was sie bewegt hat und was sie ausdrücken wollten, differenziert und im *Dialog* zu thematisieren. Durch den *Wechsel vom schriftlichen zum mündlichen Ausdruck* ist es vielen Schülerinnen und Schülern möglich, im Mündlichen ihre schriftlichen Defizite zu kompensieren und sich ausführlicher, ungehemmter und genauer auszudrücken – was sich bei der Überarbeitung wiederum positiv auf den schriftlichen Ausdruck auswirken kann.

Nach der Befragung durch die Klasse und den eigenen mündlichen Stellungnahmen der Autorinnen und Autoren ist eine größere *Motivation* vorhanden, sich noch einmal mit dem Text auseinanderzusetzen, als wenn der Text von der Lehrkraft korrigiert worden wäre.

Es ist in der Regel selten möglich, bei *allen* Schülerinnen und Schülern der Klasse so zu verfahren, da pro Text etwa eine Unterrichtsstunde für das Interviewverfahren veranschlagt werden muß. Darüber hinaus läßt mit der Zahl der Wiederholungen das Interesse und die Motivation bei der Klasse nach.

Dennoch ist dieses Verfahren, *punktuell* und *gezielt* eingesetzt, ein sehr wertvolles *Förderinstrument* und eine hervorragende Möglichkeit, einen *schülerzentrierten* Umgang mit authentischen Schülertexten zu fördern: Der einzelne und sein *subjektives* Erleben und Empfinden sowie seine sprachlichen und psychischen Möglichkeiten stehen im Mittelpunkt des Unterrichts.

Die Lehrkraft tritt bewußt in den Hintergrund, während die Mitschülerinnen und Mitschüler »echte Fragen« stellen; sie wollen mehr erfahren, sie stellen Überflüssiges oder Nebensächliches zur Diskussion und formulieren dadurch einen *ehrlichen* »Überarbeitungsbedarf«.

Das folgende Beispiel, entstanden im Rahmen eines Projekts (siehe »Klassenzeitung«), zeigt, wie das Unterrichtsgespräch in der Klasse und die dort formulierten Fragen die (spanische) Autorin, Loli, in die Lage versetzten, die inhaltliche Überarbeitung zu leisten.

> Ein Unfall in Spanien
>
> In Orense hatte mein Vater einmal einen Unfall mit dem Auto, weil ein anderes Auto nicht geblinkt hat! Es kamen zwei Männer nach Hause zu uns nach Orense und er-zählten uns von dem Unfall. Meine Cousine weinte, weil sie dachte, daß ihr Vater auch einen Unfall hätte. Aber dem war ja nichts passiert. Der Lastwagen hat den ganzen Kofferraum vom Auto meines Vaters total eingedrückt.

Hier ein Auszug der wichtigsten Fragen und Stellungnahmen, die im Anschluß an die Textproduktion in einem Autoreninterview von Lolis Klassenkameradinnen und Klassenkameraden formuliert wurden:

> *Wo ist Orense? Warum sagst du: »... nach Hause zu uns in Orense«, wo du doch in Nürnberg wohnst? Wie schaut euer Haus aus?*
>
> *Wieso dachte deine Cousine, daß ihr Vater auch einen Unfall gehabt hatte? War ihr Vater mit deinem Vater denn zusammen?*
>
> *Wie sahen die Männer aus, die zu euch kamen? Waren es Polizisten? Oder Ärzte? Wie haben sie euch gefunden? Konnte dein Papa ihnen sagen, wo ihr wohnt? Warum ist er dann nicht mitgekommen? War er verletzt? Wer hat die Polizei gerufen? Hat es lange gedauert, bis die Polizei gekommen ist?*
>
> *Wieso hatte dein Vater den Unfall? Das verstehe ich nicht. Wenn einer nicht blinkt, hat man doch nicht gleich einen Unfall.*
>
> *Ist deinem Vater etwas passiert? Ist er gleich nach Hause gekommen oder ins Krankenhaus?*
>
> *Hast du auch Angst gehabt? Hast du auch geweint? Sei froh, daß dein Papa noch lebt, das mit dem kaputten Auto ist doch Wurscht!*

Nach dem *Autoreninterview* überarbeitete eine Gruppe von drei Schülerinnen und Schülern mit der Autorin gemeinsam weitgehend selbständig den Originaltext. Die Fragen waren während des *Autoreninterviews* von der Lehrkraft mitgeschrieben worden und lagen als Grundlage der Überarbeitung vor. Die abgedruckte Endfassung schließlich wurde zu Hause angefertigt, wobei in der Schule noch einige Korrekturen notwendig waren.

Meine Eltern sind in Spanien in der Provinz Galizien geboren.
Wir haben ein Haus in Orense. Es ist weiß und hat vier Stockwerke.
In Orense hatte mein Vater einmal einen Unfall mit dem Auto. Mein Vater hat an der Ampel gestanden. Von hinten ist ein Lastwagen mit hoher Geschwindigkeit gekommen, konnte nicht mehr bremsen und fuhr auf das Auto meines Vaters. Dabei hat der Lastwagen den Kofferraum total eingedrückt.

Mein Onkel war auch auf der Straße und hat den Unfall gesehen. Er hat dann die Männer zu uns nach Hause geführt.

Die Männer sagten, daß zum Glück niemand verletzt wurde. Meine Cousine weinte, weil sie dachte, daß ihr Vater auch einen Unfall gehabt hatte. Aber dem war ja nichts passiert.

Ich war auf der Terrasse und habe auf die Straße runtergeschaut. Dann bin ich hinuntergelaufen, weil ich Angst um meinen Papa hatte. Meine Cousine hat wieder geweint. Ich bin auch ein bißchen. Später hat Papa das kaputte Auto nach Hause gefahren. Da waren wir alle ganz froh, daß Papa gesund wieder bei uns war.

(Überarbeiteter Text nach drei Wochen: Ein Unfall in Spanien)

5. Koordinierung von Kreativität und Systematik bei der Überarbeitung von Schülertexten

Wie bereits beim Autorinterview sichtbar wurde, kommen im Anschluß an die spontane kreative Schreibphase *metasprachliche Aspekte und systematische Faktoren* zum Tragen, und zwar in *Ergänzung*, nicht als *Gegensatz* zur Kreativen Schreibmethode. Phantasie und Reflexion über Sprache sind dabei keine sich ausschließenden Phasen, sondern sollten, gerade in interkulturellen Lernkonzepten, koordiniert und miteinander verzahnt werden.

Das schreibende Kind oder der schreibende Jugendliche sollen sich kreativ und angstfrei entfalten, aber auch allmählich mehr Einsicht in das System der Sprache gewinnen, um sich schließlich immer komplexeren (Schreib-)Aufgaben mit *Spaß und Sachkenntnis* zuwenden zu können. Was unter allen Umständen vermieden werden muß, ist ein Ausschlagen des Pendels zugunsten eines einseitig an Kreativität und Kommunikation oder aber ausschließlich an grammatischem Regelwissen orientierten Sprachunterrichts.

So bietet es sich beispielsweise an, im Klassenverband in den Texten häufig vorkommende sprachliche Strukturen systematisch zu üben und gleichzeitig das kreative Sprachpotential zu aktivieren.

Satzanfang	Üben von
Wären die Menschen aus Papier … Wenn ich in ein anderes Land ziehen *würde* …	Formen der Konjunktivbildung
Wenn ich traurig bin, *fühle ich* mich … Wenn ich groß bin, *möchte ich* …	Inversion bei vorangestelltem Gliedsatz
Ich *möchte* einmal … Meine Freundin *soll* …	Modalverben mit nachfolgendem Infinitivsatz
Ich fühle mich traurig, *wenn* …	Stellung des finiten Verbteils im Gliedsatz
Dann *habe ich* begonnen,, … Nach meiner Schulzeit *werde ich* …	Subjekt-Prädikat-Inversion wegen vorangestelltem Adverbial

Im Anschluß an eine solche Phase ist es zweckmäßig, daß die Schülerinnen und Schüler in Einzel-, Partner oder Gruppenarbeit ihre Texte unter dem jeweiligen *Aspekt* oder sprachlichen *Schwerpunkt* (Formen der Konjunktivbildung, Verbstellung etc.) durchgehen und so eine Überarbeitung ihrer Texte weitgehend selbständig leisten.

Eine weitere Möglichkeit, die neben der Überarbeitung von Texten (hauptsächlich im Bereich der Satzstrukturen) auch an anderen »Orten« des Sprachunterrichts ihren Platz haben, sind die *operationalen Verfahren*, die von Glinz (1965) für den Literaturunterricht und in der Folge vor allem in der Fremdsprachendidaktik genutzt wurden. Bei den *operationalen Verfahren* handelt es sich um *sprachliche Operationen*, die jedes Kind im Laufe seines Mutterspracherwerbs unbewußt erwirbt und die, *bewußt* angewandt, auch den (Fremd-)Spracherwerb unterstützen können. Die *operationalen Verfahren* werden auch außerhalb des Unterrichts *ständig spontan* und *unbewußt* verwendet und sind fester Bestandteil der mündlichen Kommunikation und eines jeden Spracherwerbsprozesses.

Sie sind beim Einsatz im Unterricht vor allem geeignet, über Sprache zu *reflektieren;* man kann sie im Bereich des *Regellernens* und des Umgangs mit Abweichungen und Normwidrigkeiten bei den entstandenen Texten einsetzen und gleichzeitig einen *schöpferischen* und *spielerischen* Umfang mit Sprache produktiv und rezeptiv fördern.

Bei den *operationalen Verfahren* handelt es sich um die *Klangprobe,* die *Verschiebe-* oder *Umstellprobe,* die *Ersatzprobe, Weglaß- bzw. Erweiterungsprobe* und die *Umformungsprobe.*

Die Klangprobe

Bei der *Klangprobe* gibt man einem Text durch unterschiedliche Betonung von Wörtern oder Textstellen jeweils einen veränderten Sinn. Man hört durch die Betonung, wie der Sprecher den Text versteht oder – wenn die Betonung keinen Sinn ergibt –, daß er ihn überhaupt nicht verstanden hat.

Klangprobe
(das <u>unterstrichene</u> Wort wird jeweils betont)

<u>Das</u> Buch hat Carmen nicht gekauft, (sondern ein anderes Buch.)
<u>Das</u> Buch hat <u>Carmen</u> nicht gekauft, (sondern jemand anders.)
Das Buch hat <u>Carmen</u> <u>nicht</u> gekauft. (Es stimmt nicht, daß Carmen es gekauft hat.)
Das Buch hat Carmen <u>nicht</u> <u>gekauft</u>, (sondern geschenkt bekommen.)
Das <u>Buch</u> hat Carmen nicht gekauft, (sondern eine Schallplatte.)

(Man kann den Satz auch als <u>Frage</u> lesen, wodurch die Aussage in Frage gestellt wird:
Das Buch hat Carmen nicht <u>gekauft</u>?)

Im Unterricht kann man diese unterschiedliche Sinngebung durch *Betonung* einüben, indem man die Schülerinnen und Schüler möglichst viele *sinnvolle* Möglichkeiten suchen läßt, um durch wechselnde Betonung und Intonation den Sinn zu variieren. Dabei können in Gruppenarbeit die verschiedenen Vorschläge besprochen und analysiert werden, was sehr lustig und lebhaft vonstattengehen kann.

Die Verschiebe- oder Umstellprobe

Bei der *Verschiebeprobe* werden Wörter, Wortgruppen oder Satzteile an eine andere Stelle des Satzes gebracht, wobei aber der *Sinn nicht verändert* werden darf und der Satz *grammatisch korrekt* bleiben muß.

Verschiebeprobe	
Ausgangssatz	Leider ist Petra heute wieder nicht gekommen.
Verschiebeprobe	Heute ist Petra leider wieder nicht gekommen.
	Petra ist heute leider wieder nicht gekommen.
	Petra ist leider heute wieder nicht gekommen.
	Wieder ist Petra heute leider nicht gekommen.
	(Bei Voranstellung von Adverbialen: S-P-Inversion)

Im Unterricht werden die Schülerinnen und Schüler zunächst aufgefordert, möglichst viele *korrekte Verschiebungen* vorzunehmen, eine sowohl *systematische* als auch *kreative* Tätigkeit, die den flexiblen Umgang mit Sprache schult. Es können dann *syntaktische Regeln* erarbeitet werden, zum Beispiel die Zweitstellung des Verbs im einfachen Aussagesatz oder die Inversion von Subjekt und Prädikat bei Voranstellung von Adverbialen oder Gliedsätzen.

Die Ersatzprobe

Die *Ersatzprobe* befaßt sich mit dem *sinngebundenen* Ersatz eines Wortes oder einer Wortgruppe innerhalb eines Satzes durch ein Synonym aus dem gleichen Wortfeld, wobei jedoch die *Struktur* des Ausgangssatzes *erhalten* bleiben muß.

Nicht zu verändernder Satzteil	Einzusetzende Satzteile
Ali und Petra	mögen sich nicht.
	können sich nicht leiden.
	können sich nicht ausstehen.
	sind keine Freunde.
	lieben sich nicht.

Durch *freies Assoziieren* einerseits und Orientierung an der Struktur des Ausgangssatzes andererseits werden miteinander verwandte Strukturen vermittelt, der Wortschatz erweitert und differenziert sowie die Kreativität gefördert. Spielerisch können zu einem Satzanfang möglichst viele Satzfortführungen gefunden werden. Während es einerseits dabei auf möglichst spontanes und kreatives Reagieren ankommt, kann andererseits *systematische Sprachförderung* durch bestimmte Vorgaben erfolgen. Dies können zum Beispiel sein:

- Der Satz muß möglichst schnell beendet werden.
- Der Satz geht mit »daß« (»aber«, »während«, »dann« etc.) weiter.
- Vor den Satz muß ein Gliedsatz gestellt werden.

Die Weglaßprobe und die Erweiterungsprobe

Bei der *Weglaß-* und der *Erweiterungsprobe* geht es um das *Weglassen von nicht notwendigen* Satzteilen, Wörtern oder Wortgruppen bzw. um die Erweiterung eines Satzes. Dabei ändert sich jeweils die Aussage des Satzes in Nuancen oder auch grundsätzlich.

Weglaßprobe
Sie kamen *vor 25 Jahren* aus der Türkei, um hier zu arbeiten. Sie kamen *aus der Türkei*, um hier zu arbeiten. Sie kamen, um *hier* zu arbeiten. Sie kamen, *um zu arbeiten*. Sie kamen.

Die Umformungsprobe

Die *Umformungsprobe* ist am schwierigsten zu vermitteln, wenngleich sie in der natürlichen Kommunikation ständig verwendet wird. Sie ist eigentlich eine *erweiterte sinngebundene Ersatzprobe* besonders langer Satzteile oder auch mehrere Sätze. Der Einsatz im Unterricht ist deshalb entsprechend wie bei der *Ersatzprobe* möglich.

So stellen die *operationalen Verfahren* eine gute Möglichkeit dar, in handlungsorientierten sprachlichen Situationen einerseits *sprachsystematische Einsichten* zu vermitteln und andererseits auf der Grundlage dieses Wissens das *kreative Sprachpotential zu fördern*. Für den interkulturellen Sprachunterricht sind die operationalen *Verfahren* außerdem besonders geeignet, das vorhandene Repertoire von Sprachmitteln kontinuierlich zu erweitern, sprachliche Strukturen und deren Wirkung auszuprobieren und, besonders ausländische Schülerinnen und Schüler, aus einem eingeschränkten Sprachgebrauch oder gar aus bereits verfestigten sprachlichen Fehlern und Abweichungen herauszuführen.

Da jedoch die Unterscheidung zwischen korrekten und abweichenden Lösungen bzw. Variationen bei den einzelnen Verfahren ein gewisses *fortgeschrittenes Sprachniveau* voraussetzt, auf dessen Grundlage erst die Schülerinnen und Schüler diese Entscheidung wirklich kompetent fällen können, dürfen die operationalen Verfahren nur dann eingesetzt werden, wenn die sprachlichen Anforderungen, die sie stellen, zumindest von *Teilen* der Schülerinnen und Schüler der Klasse erfüllt werden, die dann aufgrund ihres Wissensvorsprungs als Regulativ dienen und auch zu Erklärungen herangezogen werden können. (Als weitere Hilfsmittel bieten sich an: Schülerduden, Wortkarten oder Grammatik.) Ansonsten besteht die Gefahr, daß sich Abweichungen und Fehler, die sich eingeschliffen haben, noch weiter verfestigen.

6. Zusammenfassung: Didaktische Prinzipien im Umfang mit Schülertexten

Bei der Überarbeitung von Schülertexten, die im Rahmen kreativer Schreibverfahren entstanden sind, möchten wir zu einer echten qualitativen Verbesserung der Texte kommen, ohne dabei den Sinn eines Textes zu stark zu verändern. Wir streben eine »sanfte« Art des Umgangs mit authentischen Schülertexten an, eine Verbesserung im Rahmen *redaktioneller Überarbeitungen*,

- die nicht den Anspruch erhebt, immer *alle* Fehler *aller* Schülerinnen und Schüler in *allen* Texten *zu gleicher Zeit und in gleichem Umfang* zu berücksichtigen, sondern jeweils *Schwerpunkte* setzt, die einmal im Bereich der Inhalte liegen, ein andermal nur die Rechtschreibung, den Ausdruck, die Stilistik oder den Wortschatz betreffen können.
- die über formalsprachliche Elemente hinaus von einem *umfassenden* Sprachverständnis ausgeht, das auch außersprachliche Faktoren und das *psychosoziale Umfeld* der Schülerinnen und Schüler berücksichtigt und damit auch die Gesamtpersönlichkeit des Kindes mit seinem besonderen sozialen Hintergrund. Die Kenntnis der besonderen Situation und Umstände, in denen die Kinder leben, das Vorverständnis, die Fachkenntnisse und Unterrichtserfahrungen der Lehrkraft sind notwendige Voraussetzungen für eine individuelle Sprachdiagnose und Sprachförderung.
- die von einem *positiven Verständnis des Fehler*s ausgeht und ihn als notwendig und selbstverständlich betrachtet: Wir wollen primär *helfen* und *nicht bewerten*. Fehler sind daher nicht in erster Linie dazu da, dem Schüler oder der Schülerin einen *Rang* (= Note) innerhalb der Klasse oder Gruppe zuzuweisen. Fehler sind vielmehr unvermeidliche Bestandteile, Schritte und auch kreative Leistungen auf dem Weg hin

zur korrekten Form der Zielsprache. Abweichendes sprachliches Verhalten gibt wertvolle Hinweise darauf, wo der Lerner steht und welche Sprachprobleme er gerade hat.

- die der *individuellen Förderung* des einzelnen Schülers oder der Schülerin Vorrang einräumt gegenüber den Lehrplanvorgaben oder dem Fortschritt der Klasse. Isolierte, punktuelle sprachliche Ausschnitte könne Teilaspekte, nicht aber *Prozesse* beschreiben. Es ist nur dann möglich, eine *Sprachentwicklung* aufzuzeigen, wenn man bei der Analyse die vorausgehenden und nachfolgenden Leistungen berücksichtigt und miteinander in Beziehung setzt.

- die die *zentrale Rolle der Lehrkraft* bei der Korrektur zugunsten der Eigentätigkeit der Schülerinnen und Schüler in den *Hintergrund* rückt, wodurch sich auch ein Rollentausch zwischen Lehrenden und Lernenden anbahnt.

- die *Kreativität und Systematik* miteinander verzahnen will und nicht als Gegensatz betrachtet. Sie sollen sich ergänzen und nicht hemmen. Die Koordinierung von formalsprachlichem Üben oder von Regellernen mit kreativer Spracharbeit kann insgesamt bewußtes und flexibles Sprachenlernen fördern und so wichtige Elemente des Sprachlernprozesses, nämlich Phantasie, Reflexion und Übung, zusammenführen: Elemente, die in ihrer Bedeutung weit über den Text hinaus wichtig sind.

G Literaturhinweise

1 Alphabetisierung

Andresen, Helga: Schriftspracherwerb und die Entstehung von Sprachbewußtsein. Opladen 1985.

Apeltauer, Ernst: Anfangsunterricht mit ausländischen Schülern. Tübingen 1983.

Belke, Gerlind: Deutsch als Muttersprache, zweite Sprache oder Fremdsprache? Probleme des Schriftspracherwerbs und des Grammatikunterrichts in mehrsprachigen Klassen. In: Diskussion Deutsch, Heft 106/1989.

Brügelmann, Hans (Hrsg.): ABC und Schriftsprache: Rätsel für Kinder, Lehrer und Forscher. Faude 1986.

Brügelmann, Hans/Balhorn (Hrsg.): Das Gehirn, sein Alfabet und andere Geschichten. Faude 1990.

Eggers, Curt: Erstlesen und Erstschreiben mit ausländischen Schulanfängern. In: Lernen in Deutschland. Baltmannsweiler, Heft 2/1980.

Harnisch, Ulrike: Schreiben zweisprachig alphabetisierte türkische Schüler bessere Aufsätze? Ein Ausschnitt aus Untersuchungsergebnissen im Schulversuch »Alphabetisierung in türkischer Sprache an der Spreewald-Grundschule, Berlin-Schönefeld«. In: Lernen in Deutschland. Zeitschrift für interkulturelle Erziehung, Heft 2/1989.

Kalb, Günter/Rabenstein, Rainer/Rost, Detlef, H.: Berichte und Arbeiten aus dem Institut für Grundschulforschung. Nürnberg 1979.

Keskin, Anne: Alphabetisierung in der Muttersprache. In: Deutsch lernen, Heft 12/1988, S. 18–45.

Meiers, Kurt: Überlegungen zur Praxis eines ersten Lese-Schreibunterrichts mit Ausländerkindern. In: Praxis Deutsch, Sonderheft 80. Deutsch als Zweitsprache, 1980, S. 118–125.

Menzel, Wolfgang: Fibeln und Lesebücher für die Primarstufe. Paderborn 1981.

Nakipoğlu-Schimang, Berrin: Zur Alphabetisierung türkischer Kinder. In: Pommerin, Gabriele (Hrsg.): »Und im Ausland sind die Deutschen auch Fremde!« Interkulturelles Lernen in der Grundschule. Frankfurt a.M.: Arbeitskreis Grundschule e.V. 1988, S. 85–91.

Nehr, Monika u.a.: In zwei Sprachen lesen lernen – geht denn das? Weinheim 1988.

Rabenstein, Rainer/Schorch, Günther: Berichte und Arbeiten aus dem Institut für Grundschulforschung. Nürnberg 1982.

Skutnabb-Kangas Tove/Toukomaa. P.: Teaching Migrant Children's Mother Tongue and Learning the Language of the Host Country in the Context of the Sociocultural Situation of the Migrant Family. Helsinki: The Finnish National Commission for UNESCO 1976.

Valtin, Renate/Naegele, Ingrid (Hrsg.): »Schreiben ist wichtig!« Grundlagen und Beispiele für kommunikatives Schreiben(lernen). Beiträge zur Reform der Grundschule, Heft 67/68, Arbeitskreis Grundschule e.V., Frankfurt a.M., 3. Aufl. 1993.

Wolf, Ernst: Zweisprachig koordinierter Leselehrgang Türkisch-Deutsch mit gleichzeitigem deutschen Spracherwerb. In: Lernen in Deutschland. Baltmannsweiler, Heft 4/1986.

2 Gesprochene und geschriebene Sprache

Braun, Peter: Tendenzen in der deutschen Gegenwartssprache. Sprachvarietäten. Stuttgart 1993.

Günther, Hartmut: Schriftliche Sprache. Strukturen geschriebener Wörter und ihre Verarbeitung beim Lesen. Tübingen 1988.

Günther, Klaus-B./Günther, Hartmut (Hrsg.): Schrift, Schreiben, Schriftlichkeit. Reihe Germanistische Linguistik. Tübingen 1983.

Helmig, Günter: Gesprochene und geschriebene Sprache und ihre Übergänge. In: Abels, K./Frank, K. O./Kern, P. Ch. (Hrsg.): Sprachunterricht. Bad Heilbrunn/Obb. 1978.

Ingendahl, Werner: Sprechen und Schreiben, Studienbuch zur Didaktik der sprachlichen Äußerung. Heidelberg 1975.

An den Kerkhoff, Lothar: Zum Verhältnis von Sprachtheorie und Sprachdidaktik. Europäische Hochschulschriften. Frankfurt a. M. 1983.

Langenmayr, Margaret: Sprachliche Kommunikation. München 1979.

Lewandowski, Theodor: Linguistisches Wörterbuch, 3 Bde., 6. Auflage, Heidelberg 1994.

Rupp, Heinz: Gesprochenes und geschriebenes Deutsch. In: Braun, Peter (Hrsg.): Deutsche Gegenwartssprache. Entwicklungen, Entwürfe, Diskussionen. München 1979.

Piaget, Jean: Die Psychologie des Kindes. München 1987.

Piaget, Jean: Sprechen und Denken des Kindes. Düsseldorf ⁵1992.

Steger, Hugo: Forschungsbericht: Gesprochene Sprache. In: Triesch, Manfred (Hrsg.): Probleme des Deutschen als Fremdsprache. Deutschlehrertagung 1967. München 1969.

Steger, Hugo: Geschriebene und gesprochene Sprache. Ein Essay. In: Bandle, O./Klingenberg, H./Maurer, F. (Hrsg.): Festschrift für Siegfried Gutenbrunner zum 65. Geburtstag. Heidelberg 1972.

Steger, Hugo: Gesprochene Sprache. Zu ihrer Typik und Terminologie. In: Braun, Peter (Hrsg.): Deutsche Gegenwartssprache. Entwicklungen, Entwürfe, Diskussionen. München 1979.

Wygotski, Lew Semjonowitsch: Denken und Sprechen. Berlin 1972.

3 Mehrsprachigkeit und zweisprachige Erziehung

Apeltauer, Ernst (Hrsg.): Gesteuerter Zweitspracherwerb. Voraussetzungen und Konsequenzen für den Unterricht. Ismaning 1987.

Bausch, Karl-Richard u.a. (Hrsg.): Handbuch Fremdsprachenunterricht². Tübingen 1994.

Bebermeier, Hans: Begegnung mit Sprache(n). Fremdsprachliche Lerngelegenheiten in der Grundschule. In: Die Grundschulzeitschrift, H. 56/1992, S. 10–13.

Biehl, Jürgen: Sprachlernbedingungen und Zweitspracherwerb türkischer Schüler. Weinheim 1987.

Cummins, James: Educational implications of mother tongue maintenance in minority language children. In: Modern Language Review 34, 1978, S. 833–855.

Finkenstaedt, Thomas/Schröder, Konrad: Sprachschranken statt Zollschranken? Grundlegung einer Fremdsprachenpolitik für das Europa von morgen. Essen 1990.

Gogolin, Ingrid u.a. (Hrsg.): Kultur- und Sprachenvielfalt in Europa. Münster/New York 1991.

Gompf, Gundi (Hrsg.): Kinder lernen europäische Sprachen. Jahrbuch 90 des Fördervereins für frühes Fremdsprachenlernen e.V. Stuttgart 1990.

Knapp-Potthoff, Annelie/Knapp, Karlfriedrich: Fremdsprachenlernen und -lehren. Stuttgart 1982.

Kuhs, Katharina: Sozialpsychologische Faktoren im Zweitspracherwerb. Eine Untersuchung bei griechischen Migrantenkindern in der Bundesrepublik Deutschland. Tübingen 1985.

Luchtenberg, Sigrid: Interkulturelle Sprachliche Bildung. Zur Bedeutung von Zwei- und Mehrsprachigkeit für Schule und Unterricht. Münster/New York 1995.

McLaughlin, Barry: Theories of second language learning. In: McLaughlin, B./Nayak, N.: Processing a new language. London 1987.

Oksaar, Els (Hrsg.): Soziokulturelle Perspektiven von Mehrsprachigkeit und Spracherwerb. Tübingen 1987.

Porsché, Donald C.: Die Zweisprachigkeit während des primären Spracherwerbs. Tübingen 1983.

Röhr-Sendlmeier, Una Maria: Zweitsprachenerwerb und Sozialisationsbedingungen. Frankfurt a.M./Bern/New York 1985.

Steinig, Wolfgang: Fremde Sprachen – Zweisprachigkeit – sprachliche Minderheiten. In: Oomen-Welke J. (Hrsg.): Brückenschlag. Von anderen lernen – miteinander handeln. Stuttgart 1994, S. 193–205.

Thürmann, Eike: Language Awareness an deutschen Grundschulen? In: Comprehensive Newsletter – Sprachliche Begegnung und fremdsprachliches Lernen in der Grundschule. Soest 1990, S. 38–41.

Weisgerber, Bernhard: Sprachreflexion durch Sprachbegegnung. In: Grundschule 1/1992, S. 15–18.

4 Fehlerdiagnose und -analyse

Augst, Gerhard: Deutsche Rechtschreibung mangelhaft? Meinungen und Materialien zur Rechtschreibreform. Heidelberg 1974.

Bauer, Brunhilde/Wolff, Jürgen: Spanische Schüler – deutsche Lehrer. Sprachvergleich als Hilfe für den Anfangsunterricht und allgemeine Informationen. Düsseldorf 1977.

Bausch, Karl-Richard/Raabe, Horst: Zur Frage der Relevanz von kontrastiver Analyse, Fehleranalyse und Interimsprachenanalyse für den Fremdsprachenunterricht. In: Jahrbuch Deutsch als Fremdsprache, 4. Bd., Heidelberg 1978.

Bergk, Marion: Rechtschreiben lernen von Anfang an. Frankfurt 1986.

Cherubim, Dieter (Hrsg.): Fehlerlinguistik. Beiträge zum Problem der sprachlichen Abweichung. Tübingen 1980.

Edelhoff, Christoph (Hrsg.): Authentische Texte im Deutsch-Unterricht. Einführung und Unterrichtmodelle. München 1985.

Hegele, Irmintraut/Pommerin, Gabriele: Gemeinsam Deutsch lernen. Interkulturelle Spracharbeit mit ausländischen und deutschen Schülern. Heidelberg 1983.

Jäger, Siegfried: Zum Problem der sprachlichen Norm und seiner Relevanz für die Schule. In: Muttersprache, Heft 81, 1971.

Juhász, János: Probleme der Interferenz. München 1970.

Keller, Rudi: Zum Begriff des Fehlers im muttersprachlichen Unterricht. In: Cherubim, Dieter (Hrsg.): Fehlerlinguistik. Beiträge zum Problem der sprachlichen Abweichung. Tübingen 1980, S. 24–42.

Mahler, Gerhart/Steindl, Michael: Zweitsprache Deutsch für Ausländerkinder. Bildungspolitische Schwerpunkte. Didaktische Grundlagen. Donauwörth 1983.

Presch, Gunter: Über schwierigkeiten zu bestimmen, was als fehler gelten soll. In: Cherubim, Dieter (Hrsg.): Fehlerlinguistik. Beiträge zum Problem der sprachlichen Abweichung. Tübingen 1980, S. 224–252.

Riehme, Joachim: Grammatik/Orthographie. Zur Theorie und Praxis des Unterrichts. Berlin 1986.

Spitta, Gudrun: Vom Umgang mit Fehlern. Fehler machen – Chance oder Schande? In: Die Grundschulzeitschrift, Seelze, Heft 2/1988, S. 4f.

Thomé, Günther: Argumente gegen die Kontrastivhypothese am Beispiel der Rechtschreibung. In: Deutsch lernen, Heft 12/1987, S. 24–30.

5 Multikulturelle Gesellschaft und interkulturelles Lernen (einschl. Curricula)

Barkowski, Hans: Interkulturelles Lernen in ethnisch gemischten Gruppen. In: Pommerin u.a. (Hrsg.) 1992, S. 186–198.

Barkowski, Hans/Hoff, Gerd R. (Hrsg.): Berlin interkulturell. Ergebnisse einer Berliner Konferenz zu Migration und Pädagogik. Berlin 1991.

Böhle, Reinhard C. (Hrsg.): Möglichkeiten der Interkulturellen Ästhetischen Erziehung in Theorie und Praxis. Frankfurt a.M. 1993.

Boos-Nünning, Ursula/Hohmann, Manfred/Reich, Hans H./Wittek, Fritz: Aufnahmeunterricht. Muttersprachlicher Unterricht. Interkultureller Unterricht. Oldenburg 1983.

Borrelli, Michele (Hrsg.): Zur Didaktik Interkultureller Pädagogik. Teil I und II. Hohengehren 1992.

Cohn-Bendit, Daniel/Schmid, Thomas: Heimat Babylon. Das Wagnis der multikulturellen Demokratie. Frankfurt a.M. 1992.

Essinger, Helmut/Ucar, Ali: Erziehung: Interkulturell. Politisch. Antirassistisch. Felsberg 1993.

Franger, Gaby/Kneipp, Hubert (Hrsg.): Miteinander leben und feiern. Ausländische und deutsche Kinder feiern Feste. Frankfurt a.M. 1984.

Frey, Karl: Die Projektmethode. Weinheim/Basel 1990.

Fritsche, Joachim: »Schreibwerkstatt«. Geschichten und Gedichte: Schreibaufgaben, -übungen und -spiele. Stuttgart 1989.

Fuchs, Werner (Hrsg.): Lexikon der Soziologie. Opladen ^{2}1978.

Gondolf, Ursula u.a.: Gemeinsames Lernen mit ausländischen und deutschen Schülern. Fernstudienmaterialien für die Lehrerfortbildung. Tübingen 1983.

Hamburger, Franz: Interkulturelles Lernen in einer offenen Gesellschaft. In: Kubina, Christian /Rutz, Georg (Hrsg.): Interkulturelles Lernen. Die Vielfalt der Kulturen als Herausforderung für den Bildungsauftrag der Schule. Frankfurt a.M. 1989, S. 25–32.

Krumm, Hans-Jürgen: Zur Einführung: Kulturspezifische Aspekte der Sprachvermittlung Deutsch als Fremdsprache. In: Jahrbuch Deutsch als Fremdsprache. Hrsg. von Alois Wierlacher u.a. Band 14. München 1989, S. 121–126.

Krumm, Hans-Jürgen: Fremdsprachenbedarf, Bildungsplanung und Lehrerausbildung: Perspektiven für die Reform der Deutschlehrerausbildung. In: Deutsch als Fremdsprache. An den Quellen eines Faches. Festschrift für Gerhard Helbig zum 65. Geburtstag. Hrsg. von Heidrun Papp. München 1995. S. 743–757.

Lähnemann, Johannes (Hrsg.): Das Wiedererwachen der Religionen als pädagogische Herausforderung. Rissen 1992.

Lanig, Jonas: Nürnberger Projektatlas. Angebote für handlungsorientiertes Lernen. Nürnberg 1991.

Leggewie, Claus: Multi-kulti. Spielregeln für die Vielvölkerrepublik. Nördlingen 1991.

Mahler, Gerhart/Selzle, Erich (Hrsg.): Lehrplan für die Grundschule in Bayern mit Erläuterungen und Handreichungen. Ein Hand- und Studienbuch für die Grundschule. Band 1: 1. und 2. Jahrgangsstufe. Band 2: 3. und 4. Jahrgangsstufe. Donauwörth 1982.

Micksch, Jürger: Interkulturelle Politik statt Abgrenzung gegen Fremde. Frankfurt a.M. 1982.

Oberndörfer, Dieter: Der Wahn des Nationalen. Die Alternative der offenen Republik. Freiburg i. Breisgau 1993.

Oomen-Welke, Ingelore (Hrsg.): Brückenschlag. Von anderen lernen – miteinander handeln. Stuttgart 1994.

Schreiner, Manfred: Förderung deutscher und ausländischer Kinder durch interkulturelles Lernen. Didaktischer Brief Nr. 110. Nürnberg 1984.

Pommerin, Gabriele: Interkulturelles Lernen – eine Herausforderung für unsere Gesellschaft? In: Jahrbuch Deutsch als Fremdsprache. Bd. 14. München 1989, S. 137–156.

Pommerin-Götze, Gabriele/Bozikake-Leisch Eleni/Jehle-Santoso, Bernhard (Hrsg.): »Es geht auch anders!« Leben und Lernen in einer multikulturellen Gesellschaft. Frankfurt a.M. 1992.

Popp, Friedrich: Multikulturelle Gesellschaft zwischen Utopie und Wirklichkeit. In: Pommerin u.a. (Hrsg.) 1992, S. 30–59.

Taylor, Charles: Multikulturalismus und die Politik der Anerkennung. Frankfurt a.M. 1993.

Barkowski, Hans / Harnisch, Ulrike / Kumm, Sigrid: Handbuch für den Deutschunterricht mit ausländischen Schülern. Mainz 1986.

Barkowski, Hans: »Setz dich zu mir, mein Kamel!« – Interkulturelles Lernen und Lehren und der Erwerb des Deutschen als Zweitsprache. In: Deutsch lernen, Heft 2/1992.

Belke, Gerlind: Schulpolitische Voraussetzungen und sprachdidaktische Konsequenzen einer zweisprachigen Erziehung. In: Oomen-Welke 1994, S. 181–192.

Götze, Lutz: Muttersprachlicher Unterricht – seine Bedeutung für den ausländischen Schüler, sein Stellenwert in der deutschen Schule. In: Zielsprache Deutsch, Heft 8/1987, S. 20–25.

Hegele, Irmintraut: Muttersprachenunterricht und Deutschunterricht im Konzept einer interkulturellen Erziehung. In: Borrelli, Michele (Hrsg.): Interkulturelle Pädagogik. Positionen – Kontroversen – Perspektiven. Baltmannsweiler 1986, S. 158–173.

Ingendahl, Werner u.a.: Handlungsorientierter Deutschunterricht. Heidelberg 1977.

Kupfer-Schreiner, Claudia: Sprachdidaktik und Sprachentwicklung im Rahmen interkultureller Erziehung. Das Nürnberger Modell. Ein Beitrag gegen Ausländerfeindlichkeit und Rassismus. Weinheim 1994.

Luchtenberg, Sigrid: Zweisprachigkeit und interkultureller Unterricht. In: Oomen-Welke 1994, S. 206–212.

Meese, Herrad: Systematische Grammatikvermittlung und Spracharbeit im Deutschunterricht für ausländische Jugendliche. Berlin/München 1984.

Michel, Herbert: Odysseus im wüsten Land. Eine Studie zur literarischen Verarbeitung des Identitätsproblems in der griechischen Migrantenliteratur. Köln 1992.

Naegele, Ingrid / Haarmann, Dieter (Hrsg.): Darf ich mitspielen? Kinder verständigen sich in vielen Sprachen. Weinheim/Basel 1986.

Pommerin, Gabriele (Hrsg.): »Und im Ausland sind die Deutschen auch Fremde!« Interkulturelles Lernen in der Grundschule. Frankfurt a.M. [2]1995.

Pommerin, Gabriele: Deutschunterricht mit ausländischen und deutschen Kindern. Bochum 1977.

Röber-Siekmeyer, Christa: »Guten Tag!« – »Buenos días!« – »Buon giorno!« »Dobar dan!« – »Merhaba!« Kinder in der Einwanderungsgesellschaft. Ein Unterrichtsprojekt. In: Fölling-Albers, Maria (Hrsg.): Veränderte Kindheit – Veränderte Grundschule. Frankfurt 1989, S. 171–182.

7   *Kreatives Schreiben*

Axelrod, Rise B./Cooper, Charles R.: The St. Martin's Guide To Writing. St. Martin's Press. New York 1985.

Boehnke, Heiner/Humburg, Jürgen: Schreiben kann jeder. Handbuch zur Schreibpraxis für Vorschule, Schule, Universität, Beruf und Freizeit. Reinbek bei Hamburg 1980.

Brenner, Gerd: Kreatives Schreiben. Ein Leitfaden für die Praxis. Frankfurt a.M. 1990.

DUDEN 5: Das Fremdwörterbuch. Mannheim/Leipzig/Wien/Zürich 1990, 5. Aufl.

Fremdsprache Deutsch. Zeitschrift für die Praxis des Deutschunterrichts. Hrsg.: Goethe-Institut München. Heft 1: »Schreiben«. Juni 1989.

Harwerth, Bettina/ Spahn, Bernd: Kinder machen Kunst. In: Pommerin (Hrsg.): [2]1995, S. 187–195.

Härtling, Peter: Für Kinder. Sonderheft für Kinder über den Autor Peter Härtling. Weinheim/Basel 1989.

Heinz, Annette: Schreiben nach Musik: In: Grundschule 12/1992, S. 38ff.

Hermanns, Fritz: Personales Schreiben. Argumente für das Schreiben im Unterricht Deutsch als Fremdsprache. In: Lieber/Posset (Hrsg.) 1988, S. 45–67.

Hochherz, Julian: Phantasiereisen. In: Grundschule 1/1994, S. 56.

Holand, Elisabeth: Wir beginnen mit Meditation. Grundschulmagazin 9/1993, S. 45.

Hayes, John R./Flowers, Linda S.: Identifying the organization of writing processes. In: L. W. Gregg/E. R. Steinberg (Hrsg.): Cognitive processes in writing. Hillsdale 1980, S. 3–30.

Ingendahl, Werner: Umgangsformen. Produktive Methoden zum Erschließen poetischer Literatur. Frankfurt a.M. 1991.

Joas, Hans: Die Kreativität des Handelns. Frankfurt a.M. 1992.

Kupfer, Claudia: »Eigentlich wollte ich …« – Schreiben in einer bikulturellen Schülergruppe. Nürnberger Lehrer-Zeitschrift, Heft 11/1990, S. 21–22.

Lambrou, Ursula: Gegen den Strich gelesen, gesprochen, geschrieben. Weinheim/Basel 1987.

Lamprecht, Stephanie: Ben liebt Anna. In: Prima(r). Zeitschrift für Deutsch als Fremdsprache im Primarbereich. H. 5/1993, S. 4–7.

Lieber, Maria/Posset, Jürgen (Hrsg.): Texte schreiben im Germanistik-Studium. München 1988.

Loska, R./Bleckwenn, H.: »Phantasiereise«. Imaginative Verfahren im Deutschunterricht. In: Pädagogik 12/1988.

Ludwig, Otto: Einige Gedanken zu einer Theorie des Schreibens. In: Siegfried Grosse (Hrsg.): Schriftlichkeit. Düsseldorf 1983, S. 37–73.

Mummert, Ingrid: Nachwuchspoeten. Jugendliche schreiben literarische Texte im Fremdsprachenunterricht Deutsch. Hrsg.: Goethe-Institut. München 1989.

Murdock, Maureen: Dann trägt mich eine Wolke. Freiburg i. Breisgau 1989, S. 84.

Nickmann, Gerhard: Programmusik. »Karneval der Tiere« von Camille Saint-Saëns. In: Pädagogische Welt 1/1983, S. 37f.

Nizon, Paul: Am Schreiben gehen. Frankfurt a.M. 1985.

Oomen-Welke, Ingelore: Schreibprozesse immigrierter Schüler. In: Der Deutschunterricht, Heft 2/1991, S. 28–45.

Otto, Gunter: Das integrative Moment in einer Interkulturellen ästhetischen Erziehung. In: Reinhard, C. Böhle (Hrsg.): Möglichkeiten der Interkulturellen ästhetischen Erziehung in Theorie und Praxis. Frankfurt a.M. 1993, S. 64–77.

Pommerin, Gabriele (unter Mitarbeit von Elke Baum, Christine Defièbre und Deniz Övünc): Kreatives Schreiben – eine Übungsdisziplin für die Lehrerausbildung und -fortbildung? In: Valtin, Renate/Naegele, Ingrid (Hrsg.): »Schreiben ist wichtig.« Arbeitskreis Grundschule e.V. Frankfurt a.M. ⁵1993, S. 258–281.

Pommerin, Gabriele: Traumziel oder Realität. Kreatives Schreiben im DaF-Unterricht der Primarstufe. In: (Prima(r). Zeitschrift für Deutsch als Fremdsprache im Pimarbereich. Heft 5/1993, S. 46–52.

Pommerin, Gabriele: »Hauptsache, es fließt!« – Kreatives Schreiben im interkulturellen Deutschunterricht. In: Von lernenden Menschen. Erst- und Zweiterwerbsprozesse. Festschrift für Bernhard Weisgerber zum 65. Geburtstag. Hrsg. von Stephan Meiten. Rheinbreitbach 1994, S. 76–93.

Pommerin, Gabriele: Kreatives Schreiben auch im DAF-Unterricht. Eine Seminardokumentation über Schreibversuche in Südamerika. Goethe-Institut São Paulo 1995.

Portmann, Paul R.: Schreiben und Lernen. Grundlagen einer fremdsprachlichen Schreibdidaktik. Tübingen 1991.

Puhan-Schulz, Barbara: Wenn ich einsam bin, fühle ich mich wie acht Grad minus. Kreative Sprachförderung für deutsche und ausländische Kinder. Weinheim/Basel 1989.

Rico, Gabriele: Garantiert schreiben lernen. Reinbek bei Hamburg 1984.

Scheidt, Jürgen vom: Kreatives Schreiben. Frankfurt a.M. 1989.

Schulmann, Jürgen: »Peter und der Wolf« – ein altes Thema in neuem Gewand. In: Hauptschulmagazin 4/1987, S. 94f.

Schuster, Karl: Das personalkreative Schreiben im Deutschunterricht. Theorie und Praxis. Hohengehren 1995.

Sennlaub, Gerhard: Spaß beim Schreiben oder Aufsatzerziehung. Stuttgart 1980.

Seitz, Oskar: Kreativität. In: Pädagogische Welt. Donauwörth, Heft 5/1973.

Spinner, Kaspar H.: Kreatives Schreiben. In: Praxis Deutsch. Heft 119/1993, S. 17–23.

Ulmann, Gisela: Kreativität. In: paed. extra., Heft 16/1974.

Vahle, Frederick: Kinderlied und Spracherwerb. In: betrifft: erziehung 1984, S. 36.

Vopel, U. W.: Wege des Staunens. Band 3: Phantasiereisen. Hamburg 1992.

Wunnenberg, Hans H.: Kinder, die schreiben, wie sie wollen, sind in der Schule nicht vorgesehen. In: Grundschule, Heft 7/8 1989, S. 64–65.
Wygotski, Lew S.: Denken und Sprechen. Berlin 1934, Frankfurt a. M. 1969.

8 Kinder- und Jugendliteratur

D'Orta, Marcella (Hrsg.): In Afrika ist immer August. 60 Schulaufsätze neapolitanischer Kinder. Zürich 1991.
Bektaş, Habib: Metin macht Geschichten. Erlangen 1994.
Bosetzky, Horst: Heißt du wirklich Hasan Schmidt? Reinbek bei Hamburg 1984.
Brito, Marty: Wohin gehen die geträumten Dinge? Aus dem »Buch der Fragen« von Pablo Nernda mit Antworten von Kindern aus Chile. Hamburg und Zürich 1986.
Bundesvereinigung Kulturelle Jugendbildung (Hrsg.): Ich geb's dir schriftlich. Junge Leute schreiben. Remscheid 1986.
Dematté, Enzo: Buon giorno Germania. Baden-Baden 1988.
Dörrich, Sabine (Deutsche Welthungerhilfe, Hrsg.): Guck mal übern Tellerrand. Lies mal, wie die andern leben. Wuppertal 1992.
Fiechtner, Urs M.: Mario Rosas – Die Geschichte einer Flucht. Baden-Baden 1986.
Glantschnig, Helga: Blume ist Kind von Wiese oder Deutsch ist meine neue Zunge. Hamburg 1993.
Härtling, Peter: Oma. Weinheim/Basel 1975.
Härtling, Peter: Ben liebt Anna. Kinderroman. Weinheim/Basel 1986.
Härtling, Peter: Fränze. Roman. Weinheim/Basel 1989.
Hikmet, Nazim: »Leben«. Gedicht. In: »Unterwegs«. Lesebuch 6. Schuljahr. Stuttgart 1992.
Holler, Ulrike/Teute, Anne (Hrsg.): Wir leben hier! Ausländische Jugendliche berichten. Frankfurt a.M. 1992.
Hüsler-Vogt, Silvia: Très tristes tigres … Drei traurige Tiger. Zaubersprüche, Geschichten, Verse, Lieder und Spiele für die mehrsprachige Kinder(-garten)-Gruppe. Freiburg i. Breisgau 1987.
Kötter, Ingrid: Die Kopftuchklasse. Würzburg 1989.
Kupfer, Claudia/Klinder, Elke: Gib' mir die Hand. Es lebe die Städtepartnerschaft der Kinder in Nürnberg und San Carlos! Hrsg. vom Verein zur Förderung der Städtepartnerschaft Nürnberg/San Carlos und Region e.V. Nürnberg 1987.
Noack, Hans-Georg: Benvenuto heißt willkommen. Ravensburg 1976.
Petersen, Elisabeth: In meiner Sprache gibt es kein Wort für Morgen. Recklinghausen 1990.
Rudorf, Günter: Die Spaghetti-Bande. Ravensburg 1981.
Skarmeta, Antonio: Nixpassiert. Reinbek bei Hamburg 1986.
Tekinay, Alev: Engin im englischen Garten. Ravensburg 1990.
Torossi, Eleni: Tanz der Tintenfische. Reinbek bei Hamburg 1989.
De Zanger, Jan: Dann eben mit Gewalt. Kevelaer 1991.